어린이 고사성어 어휘력

공부
기본기

어린이 고사성어 어휘력

1판 1쇄 발행 2014년 1월 5일

지은이 송선경
그린이 이동철

펴낸이 이재성
기획편집 김민희
디자인 나는물고기
마케팅 이상준

펴낸곳 북아이콘
등록 제313-2012-88호
주소 150-038 서울시 영등포구 영등포동 8가 92 KnK디지털타워 1102호
전화 (02)309-9597   **팩스** (02)6008-6165
메일 bookicon99@naver.com

ⓒ송선경, 2013
ISBN 978-89-98160-03-6 63710

공부
기본기

어린이 고사성어 어휘력

글 송선경 | 그림 이동철

북아이콘

우리말 어휘의 70%는 한자말이야. 한자어는 한자를 많이 알면 자연히 그 뜻을 알 수가 있지. 그런데 하나하나의 한자를 알아도 그 뜻을 알 수 없는 단어가 있단다.

"다보탑은 정말 탑의 백미(白眉)야!"에서 백미는 글자 그대로는 흰 눈썹이란 뜻인데, 다보탑이 탑의 흰 눈썹이라는 말은 도대체 이해가 안될 거야. 백미는 뛰어난 것 중에서도 가장 뛰어난 사람이나 작품을 말해. 이처럼 글자만으로는 이해할 수 없는 뜻을 갖게 된 이유는 옛이야기(고사)에서 비롯되었기 때문이란다. 그래서 이런 단어를 고사성어(故事成語)라고 해. 고사성어와 비슷한 말에는 한자성어 혹은 사자성어가 있어. 고사성어의 대부분이 주로 네 글자로 이루어져 사자성어라고도 부르는데, 모순이나 기우 같이 두 글자로 이루어진 것, 배수진이나 미봉책 같이 세 글자로 이루어진 것, 또는 다섯 글자로 이루어진 고사성어도 있단다.

고사성어는 주로 중국의 옛이야기에서 유래하여 비유적인 내용을 담은 글자로 상황, 감정, 사람의 심리 등을 나타낸 말이야. 그래서 고사성어는 재미있는 이야기와 함께 참된 지혜를 일깨워 주지. 따라서 네 글자로 된 한자성어라도 전해지는 일화가 없으면 사자성어일 뿐 고사성어는 아니란다.

"어, 친구가 파일을 보내 줬는데, 열리지가 않아요. 아주 재미있다고 했는데……."

친구가 보내준 재미있는 파일의 압축을 풀지 못해 무슨 내용인지 알 수 없다면 얼마나 답답하겠니? 또 친구들 앞에서 노래를 부르자 친구들이 "와, 파바로티다!"라고 했는데 파바로티가 누구인지 모른다면 나에게 한 말이 칭찬인지, 야유인지 알 수가 없겠지. 반대로 내가 표현하고자 하는 생각을 딱 한 단어로 말할 수 있다면 얼마나 편리하겠어.

이처럼 고사성어는 압축된 파일에 비유할 수 있단다. 중국과 우리의 역사, 이야기가 압축되어 하나의 단어로 표현되어 있으니 말이야. 물론 압축을 풀지 않더라도 그 내용을 들어서 대충 알 수도 있지만, 그 경우는 금세 잊거나 깊은 이해나 재미를 느끼지 못하지.

이 책은 고사성어라는 압축 파일을 푸는 프로그램이라고 생각해주렴.

먼저, 한자 풀이를 통해 기본 뜻을 알고, '이야기 속으로'를 통해 해당 고사성어에 얽힌 이야기를 들어보자. 단어의 뜻을 아는 것은 물론이고 옛이야기 속에 빠지는 재미도 얻을 수 있단다.

'인물 속으로', '역사 속으로'는 고사성어에 해당되는 역사 속 인물과 사건을 담았단다. 여기까지 읽는다면 신문이나 일상생활에서 사용되는 고사성어의 뜻을 잘 알게 될 거야. 고사성어도 낱말인데, 이해만 한다면 반쪽 말이 되겠지? 그래서 '생활 속으로'는 일상생활에 적용할 수 있도록 대화로 구성했단다.

고사성어는 우리 고유어만큼 소중한 언어 문화 유산이야. 잘 이해하고 사용해서 지혜롭고 멋진 어린이가 되길 바랄게!

송선경 씀

1 : 공부는 무엇보다 기본기가 우선입니다.

운동선수에게 기초 체력이 중요하듯이, 공부하는 학생에게는 공부의
기본기가 무엇보다 중요합니다. 기초가 잘 닦여 있어야 응용도 가능하고,
실전력도 생기기 때문입니다. 이에 반해 기본기가 탄탄하지 못하면, 상황
변화에 따른 대응력이 떨어져 쉽게 흔들리게 됩니다. 국어, 수학, 영어
등 모든 과목 학습에 있어 튼튼한 기본기가 뒷받침되어야 하는 것입니다.
이러한 공부의 기본기를 갖추는 데는 시간이 걸리지만 궁극적으로는 훨씬
빨리 도달하는 지름길이며, 꼭 통과해야 하는 외나무다리인 것입니다.

2 : 어휘력은 초등 학습에 가장 중요한 기초입니다.

공부를 하는데 있어서 가장 중요한 기본기의 하나가 어휘력입니다. 어휘는
개념 학습의 기초입니다. 요즘은 교과 개념을 이해하는 방식으로 학습이
이루어지며, 예전처럼 교과 내용을 단순히 외우는 방법으로는 제대로 된
실력을 쌓을 수 없습니다. 따라서 어휘력은 국어 과목뿐만 아니라 다른
과목의 학습에도 영향을 미쳐 성적을 좌우하는 요인으로 작용합니다.
  어휘력의 강약은 독해력의 강약으로 연계되어 학습 능력을 좌우하게 되는
              것입니다. 그러나 어휘 실력은 저절로 늘지 않습니다.
              다른 모든 학습이 그렇듯이 어휘도 틈틈히
                차근차근 공부해야 온전히 자신의 것이 됩니다.

3 : 고사성어를 알면 어휘 실력이 눈에 띄게 성장합니다.

인류 역사상 무수히 많은 말이 생겼다 사라졌지만, 시대가 변하고 수천 년이 흘러도 우리에게 많은 가르침을 주는 말들이 있습니다. 이러한 말들 중에 역사적 유래를 갖고 있는 것이 고사성어입니다. 따라서 고사성어는 처음에 어떻게 만들어졌는지를 아는 것이 그 의미를 이해하는 지름길입니다. 또한 고사성어는 글의 내용을 풍부하게 이해하고, 깊이 있는 생각을 하는 데 도움이 됩니다. 고사성어는 이야기 속 상황을 몇 글자로 압축해 놓은 것으로써 그 뜻을 음미해 보면 삶의 본질을 꿰뚫는 통찰력까지 기를 수 있습니다. 따라서 대화 상황이나 작품 해석에 작용하는 어휘력의 중요한 기초라 할 것입니다. 이렇듯 고사성어는 어휘력을 높이는 데 무척 중요한 영향을 미칩니다. 고사성어를 알면 어휘 실력이 눈에 띄게 성장합니다.

4 : 고사성어의 원리적 이해로 어휘 학습에 눈뜨게 됩니다.

이 책은 일상 생활에서 쓰임새가 높아 어린이들이 꼭 알아야 할 고사성어를 선정해 처음에 어떻게 생겨나게 되었는지 그 이야기를 중심으로 구성하였습니다. 즉, 자칫 지루하고 딱딱할 수 있는 고사성어 학습을 위해 먼저 고사성어에 얽힌 옛이야기를 재미있게 풀어 줌으로써 쉽게 다가갈 수 있도록 하였습니다. 그리고 각각의 고사성어가 실제로 어떻게 쓰이는지 인물 이야기, 역사 이야기, 생활 속 대화 상황을 통해 보여 줍니다. 이처럼 다양한 방법을 접목해 실제 사용 능력을 키울 수 있도록 하였습니다. 이 책에 나오는 고사성어를 읽고 이해하는 과정을 통해 어휘 실력이 늘고, 생각이 깊어질 것입니다.

이 책의
차례

재능과 뛰어남에 대한 고사성어

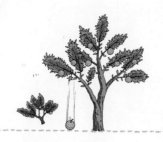

경계해야 할 것들에 대한 고사성어

생활에서 자주 사용하는 고사성어

형설지공

우공이산

마부위침

절차부심

외신상담

노력과 성취에 대한 고사성어

팔목상대

맹모삼천

마부위침 ┊ 磨 斧 爲 針
갈마　도끼부　될위　바늘침

:·˙멈추지 않는 노력

도끼를 갈아 바늘을 만든다는 뜻으로, 꾸준히 노력하면 어떤 일이든지 가능함을 이르는 말.

이야기 속으로

　　마부위침을 풀이하면 '도끼를 갈아 바늘을 만든다.'는 뜻이야. 도끼를 바늘처럼 가늘게 만들기 위해서는 상상도 할 수 없을 만큼 오랜 시간 동안 꾸준히 갈아야 되기 때문에 이 말의 뜻은 끊임없는 노력을 강조하는 거란다.

　　마부위침은 중국의 시인인 이백의 어린 시절 이야기에서 유래되었는데, 이백이라 하면 '달타령'이란 노래의 '달아 달아 밝은 달아, 이태백이 놀던 달아~'의 주인공 이태백이기도 해. 그는 풍류를 즐겨 술과 자연에서 노닐었다고 해. 특히 달을 사랑했는데 심지어, 물에 비친 달을 건지려고 물에 뛰어 들어 죽음을 맞았다는 전설이 전해질 정도이지. 바로 그 이태백의 어린 시절 이야기야.

　　이백의 아버지는 이백의 재주를 일찍부터 알아보고 이백을 훌륭한 선생님께 맡겨 공부를 하게 했단다. 그 스승은 깊은 산 속에 계셨지. 그래서 어린 이백을 산 속으로 보냈단다. 그때는 학교에

다니기 보다는 스승을 찾아가서 공부를 했단다.

처음엔 이백도 아버지의 뜻에 따라 열심히 공부했어. 하지만 슬슬 싫증이 나기 시작한 거야. 그의 성품이 자유로운 것을 좋아하니 답답한 산속에서 끝도 안 보이는 공부를 하자니 갑갑했겠지. 어린 나이니 가족도 보고 싶고, 집도 고향도 그리워진 거야.

'아무래도 안 되겠다. 이 끝도 나지 않는 공부를 그만두고, 넓은 세상 구경이나 하며 놀러 다녀야겠다. 길지 않은 인생 책에만 파묻혀 살다니!'

이백은 이렇게 결심한 다음날 스승 몰래 짐을 꾸려 산에서 내려왔어. 스승님께 공부를 그만둔다고 말할 용기는 나지 않고, 스승님이 허락을 안 하실 게 분명하니 말이야.

이렇게 이백이 깊은 산을 벗어나서 드디어 산 아래 계곡에 이르렀을 때였어. 한 할머니가 냇가의 바위에 걸터앉아 도끼를

갈고 있는 거야. 이미 도끼의 날이 날카로운데도 할머니는 계속 갈고 있지 않겠니? 그것을 본 이백은 궁금해서 견딜 수가 없었어.

"할머니, 뭐 하고 계세요?"

"보면 모르냐? 도끼를 갈아서 바늘을 만들려고 한다."

"하하하, 할머니. 그렇게 큰 도끼를 갈아서 어느 세월에 가는 바늘을 만들어요?"

할머니는 그제야 바쁘게 움직이며 도끼를 갈던 손을 멈추고 이백을 빤히 쳐다보며 말했단다.

"애야, 모르는 소리 말아라. 중도에 그만두지 않고 계속 갈기만 하면야 언젠가는 바늘이 되지 않겠니?"

그리고는 다시 도끼를 갈기 시작했어. 할머니의 이 말을 들은 이백은 뭔가에 머리를 얻어맞은 느낌이 들었어.

'중도에 그만두지 않고 계속한다고! 저 분은 노인인데도 자기가 목적한 바를 위해 멈추지 않고 노력하는구나. 나는 아직 어린데 그만두지 않고 계속한다면 무엇인들 이루지 못할까!'

생각이 여기에 미치자 이백은 발걸음을 돌려서 다시 산으로 들어갔어. 그리고는 '도끼를 갈아서 바늘을 만드는 자세'로 열심히 노력하여 높은 학문을 이루었단다. 그는 두보와 함께 중국 최대의 시인으로 손꼽히며 시의 신선인 '시선'이라고 불리는데, 그 이유가 바로 '마부위침'의 노력을 했기 때문이란다.

이렇게 마부위침은 중도에 그만두지 않고 계속하여 노력한다면 도끼 날이 바늘이 되는 불가능한 일도 이룰 수 있다는 뜻이야.

1800년대에 김정호가 전국을 걸어 다니며 자료를 조사해서 제작한 대동여지도는 지금의 위성사진과 비교해도 그 세밀함에서 뒤지지 않는단다. 이 대동여지도를 제작하기 위해 김정호는 '마부위침'의 자세로 전국을 걷고 또 걸었어. 걸어서 전국을 여행하는 일도 쉽지 않은데, 구석구석 걸어서 지도를 만들었다니 정말 대단한 노력과 열정이 아닐 수 없어. 마부위침이라는 고사가 과장이 아니라 실제임을 보여준 자랑스러운 예가 될 거야.

예찬 : 누나, 큰 누나 수학책 봤어? 수학책에 숫자는 별로 없고, 이상한 글자만 잔뜩 있더라. 난 이제 곱하기하는데.

예강 : 어디 봐. 어이구! 정말이네. 난 지금 하는 수학도 어려운데.

예솔 : (갑자기 뒤에서 나타나서) 할 수 있어!

예강, 예찬 : 아이구, 깜짝이야!

예솔 : 마부위침이라는 말이 있잖아. 열심히 하다보면 어려운 문제도 척척 풀 수 있을 때가 오고말고. 중요한 건 꾸준히 한다는 거야.

엄마 : 예솔이가 엄마가 했던 말 그대로 동생들한테 하네. 호호.

비슷한 말

우공이산(愚公移山) : 우공이 산을 옮긴다는 뜻으로, 아무리 큰일이라도 끊임없이 노력하면 반드시 이루어짐을 비유하는 말.

수적천석(水滴穿石) : 물방울이 돌을 뚫는다는 뜻으로, 작은 노력이라도 끈기있게 계속하면 큰일을 이룰 수 있음을 비유하는 말.

우공이산 愚公移山

어리석을 우　귀할 공　옮길 이　산 산

:•˙산도 옮기는 집념

우공이 산을 옮긴다는 뜻으로, 어떤 일이라도 끊임없이 노력하면 반드시 이룰 수 있음을 비유하는 말.

이야기 속으로

　　먼 옛날, 태행산과 왕옥산 사이의 좁은 땅에 우공(愚公)이라는 90세 노인이 살았어. 그런데 사방 700리에 높이가 만 길이나 되는 큰 산 둘이 집의 앞뒤를 가로막고 있으니 보통 답답한게 아니었어. 시장을 가려 해도 빙 둘러가거나, 그 높은 산을 올라 고개를 넘어야 했으니 불편함도 이만저만 아니었지. 안 되겠다 싶은 우공은 가족을 불러 모아 놓고 가족회의를 열었어. 집안의 가장 큰 어른인 우공이 먼저 말했어.

　　"나는 저 두 산을 깎아 없애서, 남쪽까지 곧장 길을 내고 싶은데 너희들 생각은 어떠냐?"

　　남쪽까지 곧장 길이 난다는 말에 아이들과 손자들은 들떴겠지.

　　"예, 좋습니다."

　　이렇게 모두 찬성했으나 우공의 아내만은 반대했단다.

　　"아니, 영감. 늙은 당신의 힘으로 어떻게 저 큰 산을 깎아 없앤단 말이에요? 또 파낸 흙은 어디다 버린단 말이구요? 그 흙을 옮긴 자리가 또 산이 되지 않겠소?"

할머니의 그럴듯한 반대에 우공은 별거 아니라는 듯 천천히 이렇게 대
답했겠지.

"저기 바다에 갖다 버릴 거요."

만장일치는 아니지만, 결국 우공의 제안이 통과되었어.
바로 이튿날부터 공사는 시작되었단다. 아침부터 우공
은 세 아들과 손자들을 데리고 돌을 깨고
흙을 파서 삼태기로 먼 바다에 갖다 버
리기 시작했지.

네.

내가 죽더라도
너희들이 계속
하거라.

한 번 갔다 돌아오는데 꼬박 1년이 걸렸어. 이들을 지켜보는 이웃 사람들은 그들의 무모함에 모두 혀를 내둘렀지만 나서서 말리는 사람은 없었지.

그런데 어느 날 지수라는 사람이 앞으로 나서며, 우공을 비웃었단다.

"아니 죽을 날이 멀지 않은 노인이 정말 망령이 드셨소? 이게 웬 미련한 짓입니까!"

이번에도 우공은 얼굴빛 하나 변하지 않으며 태연하게 말했단다.

"내가 죽으면 아들이 하고, 아들은 또 손자를 낳고 손자는 또 아들을 낳지 않겠소? 이렇게 자자손손(子子孫孫) 계속하면 언젠가는 저 두 산이 평평해질 날이 오겠지요."

이 말을 듣고 정작 깜짝 놀란 것은 마을 사람이나 지수가 아니라, 두 산을 지키는 산신령들이었어. 산신령들은 옥황상제에게 곧바로 달려가 호소했어.

"옥황상제님, 저 우공이 우리가 살고 있는 산을 깎아 바다에 내다버립니다. 이를 어쩌면 좋습니까! 흑흑, 대책을 마련해 주세요."

그러나 이야기의 전말을 들은 옥황상제는 우공의 끈기와 집념에 크게 감명받아, 힘이 센 역신과 그 아들들에게 명하여 각각 두 산을 업어 다른 곳에 옮겨 놓게 했어. 그래서 원래 두 산이 있었던 땅에는 작은 언덕조차 없게 되었다고 한단다.

이 믿기 어려운 전설 같은 이야기에서 '우공이산'이라는 말이 생겨났는데, 이 말은 어떤 일이든 우직하게 꾸준히 끝까지 노력 하면 뜻을 이룰 수 있다는 말이란다.

우공이산은 포기하지 않고 꾸준하게 노력한다면 산도 옮기지 않겠느냐는 말이야. 여기서 산을 옮긴다는 말은 '불가능한 일'의 비유인 셈이지. 그런데 이 우공이산을 실제로 보여준 사람이 있단다. 그 사람은 산을 뚫었다고 해. 그것도 기계의 힘을 빌리지 않고 자신의 힘만으로 말이야.

인도의 어느 마을. 집 앞에 산이 있어 힘들게 산을 넘어다니다가 불편함을 느낀 람찬드라 다스 씨는 산에 터널을 뚫기로 마음먹었지. 그는 오로지 망치와 정만으로 뚫기 시작했어.

14년 후 드디어 산에 터널이 뚫렸어. 차도 다닐 수 있을 정도의 번듯한 터널이었지. 우공이산의 우공보다 어쩌면 한 수 윗길 같구나. 우공은 옥황상제가 도왔지만, 다스 씨는 혼자의 힘으로 산을 뚫었으니 말이야.

예강 : 엄마, 에디슨은 참 대단한 거 같아요.

엄마 : 그렇지 대단하지. 아마 학교를 1년도 채 못 다녔을 걸. 그런 사람이 천 가지도 넘는 물건을 발명했으니 말이야.

예강 : 전구, 축음기를 비롯한 1092건의 발명특허를 냈대요.

엄마 : 와, 대단한데! 그런 천재는 다시 나오기 힘들 거야.

예강 : 저는 에디슨의 천재성보다도 끊임없이 노력하는 그 자세가 더 부러워요.

엄마 : 엄마는 에디슨의 집념이 부러워. 도대체 한 번 이걸 발명해야지 하면 포기를 모르잖아. '우공이산'에서도 우공의 집념에 옥황상제가 감동 받았잖아.

예강 : 헤헤헤. 저도 우공의 집념을 이어받아~ 엄마, 귀 좀 뚫어 주세요!

맹모삼천 孟母三遷
맏이 맹 어머니 모 석 삼 옮길 천

: 환경의 중요성

맹자 어머니가 이사를 세 번이나 하였음을 이르는 말로, 부모가 자식의 장래를
염려하여 여러 모로 애씀을 말함.

이야기 속으로

　'맹모삼천'은 맹자의 어머니가 자식의 교육을 위해서 세 번을 이사했다
는 이야기에서 유래된 말이야. 맹자는 공자의 사상을 이어 발전시킨 유
학자로서 공자 만큼이나 중요한 사상가야. 맹자가 위인이 될 수 있었던
데에는 어머니의 현명한 판단과 정성이 있었단다. 지금으로부터 2천사
백여 년 전에 자식 교육을 위해 이사를 세 번이나 한다는 것은 결코 쉽
지 않은 일이었어. 지금도 맹모삼천이라는 말은 '이사를 세 번 했다'는
사실 보다도 세 번을 이사할 만큼의 정성에 의미를 두는 거야. 맹모삼천
은 그래서 '부모가 자식의 장래를 염려해서 여러모로 애쓴 정성'을 뜻하
게 된 거란다.

　자, 맹자 어머니의 정성을 만나러 출발!
　중국 전국시대 추나라. 어머니는 어린 맹자와 얼마 전에 묘지 근처로
이사를 왔어. 묘지 근처라 사람들이 많이 살지 않고 조용해서 맹자를 기
르기에 적당한 곳이라고 생각했지.

'우리 맹씨 집안은 노나라에서는 아주 이름 있는 가문이었지. 그런데 추나라로 오면서 가세가 기울어 묘지 근처 밖에 집을 구할 수가 없다니 ……. 맹자를 훌륭하게 키워서 꼭 집안을 일으켜야 해.'

바로 그때, 골목에서 '아이고, 아이고' 하는 맹자의 울음소리가 들리는 거야. 깜짝 놀란 어머니는 맹자에게 무슨 일이 있는지 물었어.

"그냥 동무들과 장례지내는 놀이를 하는 중이에요. 아이고, 아이고, 아이고……."

이 소리를 들은 맹자의 어머니는 기가 막혔어. '여기는 아이를 기를 만한 곳이 못 되는군.'하고 생각한 어머니는 시장 근처로 집을 옮겼지. 하

지만 이번에는 친구들과 장사놀이를 하는 거야. 지금이야 직업에 귀천이 없지만, 2천 년도 훨씬 전에 중국에서는 '장사'는 천한 일이라고 여겼단다.

'아, 이번에는 장사놀이를 하다니. 이래서야 어디 집안을 일으킬 수 있단 말인가!'

이렇게 염려를 한 맹자의 어머니는 다음 이사는 신중에 신중을 기하기로 했지. '음~ 어디가 좋을까? 맹자는 주변 환경에 영향을 잘 받으니까 공부하는 곳으로 가면, 공부에 흥미를 느끼지 않을까? 그래! 바로 그곳이야.'

맹자의 어머니는 드디어 세 번째 이사를 하게 되었어. 어디로 이사를 했을까? 공부하는 곳이 힌트야. 그래 맞았어. 맹자의 어머니는 서당 근처에 집을 정하고 이사를 했어. 이사한 지 곧 얼마 안 되어 맹자가 들어오는데 중일중일 무슨 소리가 들리는 거야. 장례치를 때 우는 곡소리도 아니고, 싸다고 외치는 장사꾼의 소리도 아니고.

"공자가 말씀하시길 때로 배우고 익히면 이 또한 즐겁지 아니한가!"하면서 들어오는 거야!

맹자의 어머니는 비로소 세 번째 이사를 하고서야 '이곳이야말로 아이를 훌륭하게 키울 수 있는 곳이군.'하면서 흐뭇한 미소를 지었다고 해.

이렇게 어머니에게 큰 감화를 받으며 학업을 마친 맹자는, 공자의 고향인 노나라로 가서 공자의 손자에게서 학문을 배우고, 발전시켜 '유학'을 확립시켰다고 해. 이처럼 위대한 성인 뒤에는 자식의 교육을 위해 헌신하고 노력했던 부모님이 계신 거야. 이렇듯 '맹모삼천'은 자식의 교육을 위해 정성을 다하는 부모님의 모습을 말한단다.

맹모삼천에 어깨를 견줄 수 있는 이야기 하나만 소개할게. 세계적인 기업가로 우뚝 서게 된 스티브 잡스 뒤에는 그를 친자식 못지않은 정성으로 키운 양부모님이 계셨어. 바로 폴 잡스와 클라라 잡스였지. 스티브 잡스가 중학교 시절 문제아로 낙인찍히며 적응을 못하자 폴 잡스는 온가족을 데리고 로스앨토로 이사한단다. 로스앨토스는 현재 애플의 본사가 있는 쿠퍼티노 주변 지역으로 스티브 잡스에게 한 수 가르쳐줄 실리콘밸리의 기술자들이 잔뜩 모여 살던 곳이지. 바로 그곳은 꿈을 현실로 키워낸 곳이라고 할 수 있어.

예강 : 미소가 전학 간대요.

예찬 : 누나랑 친하잖아?

엄마 : 어디로 이사하는데?

예강 : 저기 충청도 어디 시골이라고 알려줬는데 잊었어요.

엄마 : 그래?

예강 : 미소 오빠가 공부에 너무 스트레스 받고, 미소는 아토피가 심해서 공기 좋은 시골로 가기로 했대요. 대안학교도 가까이 있대요. 그래서 미소네 엄마는 직장을 그만 두셨대요.

예찬 : 우와! '맹모삼천지교'다.

엄마 : 그러게. 자식을 위해서 대단한 용기를 내셨구나.

비슷한 말

맹모삼천지교(孟母三遷之敎) : 맹모삼천의 교훈을 이르는 말.

형설지공 螢雪之功
반딧불 형   눈 설   ~의 지   공로 공

:ˇ 어려운 환경을 딛고

반딧불과 눈의 빛으로 이룬 공이라는 뜻으로, 가난을 이겨내며 고생 속에서 공부하여 이룬 성공을 이르는 말.

이야기 속으로

　'형설지공'은 반딧불과 눈빛불로 공부하여 얻은 성과를 이르는 말로, 어렵게 공부하여 학업을 이루는 것을 비유하는 말이야. 이 이야기의 주인공은 두 명이란다. 반딧불로 공부한 차윤과 눈[雪]빛으로 공부한 손강의 이야기야. 먼저 차윤의 이야기부터 해볼게.

　중국 진(晉)나라 때야. 차윤은 형편이 어려운 집안에서 태어났지만 어려서부터 성실하고 생각이 깊었어. 차윤은 공부를 열심히 해서 나라에 도움이 되는 훌륭한 인물이 되려고 했지. 그러기 위해서는 모범이 되는 경전을 읽고, 또 읽어서 외우는 경지에 올라야 했어. 학문에 뜻을 둔 선비들은 밤낮을 가리지 않고 책을 읽었지. 하지만 차윤은 집안 형편이 어려워서 낮에는 일을 해야 했어. 그리고 공부는 밤이 되어야 비로소 할 수 있었단다.

　"어머니, 해가 저물어 가는데 등잔불을 켜야 되지 않겠어요?"

　"무자야(차윤의 부르는 이름), 기름이 떨어져 등잔을 밝힐 수가 없구나. 네가 책을 읽어야 하는데…… 이를 어쩌니?"

"어머니, 너무 염려하지 마세요. 궁하면 통한다고 무슨 수가 생기겠지
요."

차윤이 무슨 수가 없을까 고민하는데 눈앞에 색이 영롱한 작은 불빛들
이 어른거리겠지. 바로 반딧불이었던 거야. 꽁무니에서 불빛을 내는 개
똥벌레 말이야. 그는 무릎을 딱 쳤어. '아하, 그렇게 한번 해보자.' 다음
날 차윤은 얇은 명주 주머니를 하나 만들어 수십 마리의 반딧불을 잡아
그 속에 넣고는, 그 빛으로 책을 읽었단다.

그러던 어느 날 일을 마친 차윤은 반딧불을 잡고 있었어. 멀지 않은 곳에 손강이 살았는데, 손강은 청렴결백하여 친구를 사귀어도 함부로 사귀는 일이 없었다고 해. 그런 손강이 차윤의 학문이 높다는 얘기를 듣고 차윤을 만나려고 오는 길이었지. 그런데 손강이 보기에 차윤의 행동이 좀 이상했겠지? 열심히 일을 하고 있거나 늘 공부만 하는 사람이 허공을 날고 있는 벌레를 잡고 있는 모습이 좀 우스꽝스럽기도 했을 거야.

"무자! 자네 뭐하는가?"

"하하하, 뭐하긴. 반딧불이 잡고 있네. 몇 마리만 더 잡으면 오늘 공부할 등불이 된다네."

"아니, 자네 반딧불을 등불삼아 공부하나? 허허, 공부방의 창문을 서창(書窓 : 책 서, 창문 창)이라고 하는데 자네 공부방은 형창(螢窓)일세."

"형창이라니! 참으로 멋진 표현이군. 그러는 자네의 공부하는 책상은 서안(書案)이 아니라 설안(雪案)이라 불러야겠군, 허허허."

손강이 공부하는 책상을 '눈 설(雪)'을 넣어 '설안(雪案)'이라고 부르는 데는 그만한 이유가 있었단다. 손강 역시 집안 형편이 어려워 등잔의 기름이 없어 겨울에는 눈이 내려서 달빛에 반사되면 그 빛으로 공부를 했기 때문이지.

손강과 차윤은 이렇게 어려운 환경 속에서도 굴하지 않고, 여름에는 반딧불로 겨울에는 달에 반사되는 눈빛을 등불삼아 끈기 있게 공부하여 높은 벼슬에까지 오르게 되었단다. 이후로 '형설지공'이라는 말은 어렵게 공부하여 학업을 이루거나 성공하는 경우를 이르는 말이 된 거야.

그는 1809년 미국 켄터키 주 산골마을에서 가난한 개척 농민의 아들로 태어났어. 그가 학교를 다닌 기간은 단 6개월이었어. 하지만 책읽기를 좋아해서 책을 빌릴 수만 있다면 아무리 먼 곳이라도 한걸음에 달려가서 책을 빌려왔지. 그리고는 밤에 호롱불을 밝히고, 눈을 비벼가며 읽었어. 낮에는 어른 못지않게 많은 일을 하고 말이야. 이렇게 형설지공의 마음으로 성실하게 노력한 그는 마침내 미국의 대통령이 되었지. 노예 해방을 이룩해낸 위대한 대통령. 그래! 바로 미국의 16대 대통령인 에이브러햄 링컨이야.

생활 속으로

엄마 : 아니, 이렇게 깜깜한데 불도 안 켜고, 랜턴 켜고 뭐하니?

예찬 : 책 읽고 있어요.

엄마 : 전기가 나갔나? 아니 이렇게 형광등 두고 왜 랜턴은 켜?

예찬 : '형설지공'하는 거예요. 지금은 겨울이 아니니 눈도 없고, 요즘은 반딧불도 없으니 랜턴 켜는 거지요.

엄마 : 핑계 대기는~. 차윤이나 손강은 등불을 켤 여유가 없어서 할 수 없이 반딧불과 눈빛으로 공부한 거지. 너처럼 일부러 랜턴 켜냐?

예찬 : 집중 잘되고 좋아요. 전기도 아끼고요. 헤헤헤.

비슷한 말

형창설안(螢窓雪案) : 반딧불이 비치는 창과 눈에 비치는 책상이라는 뜻으로, 어려움 속에서도 공부에 힘씀을 비유하는 말.

주경야독(晝耕夜讀) : 낮에는 밭을 갈고 밤에는 책을 읽는다는 뜻으로, 어려운 환경에서도 공부에 힘씀을 이르는 말.

괄목상대 刮目相對
비빌괄   눈목   서로상   마주볼대

:·눈부신 발전

눈을 비비고 상대편을 본다는 뜻으로, 남의 학식이나 재주가 놀랄 만큼 부쩍 늘었을 때 쓰는 말.

이야기 속으로

우리는 누군가 믿을 수 없을 만큼 놀랍게 변화했을 때, 눈을 비비고 다시 보게 되지. '괄목상대'는 이처럼 눈을 비비고 상대를 본다는 말이야. 특히 다른 사람을 보는 게 아닌가 하는 의심이 들 만큼 학식이나 재주가 전에 비하여 부쩍 성장했을 때 이 말을 쓴단다.

이 괄목상대의 주인공을 찾아가 볼까? 그는 바로 여몽 장군이란다.

중국의 삼국시대. 유비가 이끄는 촉, 조조가 이끄는 위, 그리고 손권이 왕으로 있는 오나라가 서로 각축을 벌이던 때였어. 여몽은 바로 오나라 손권 휘하의 장수였지. 그가 처음부터 장군이었던 것은 아니었어. 여몽은 가난하고 이름 없는 집안에서 태어났기 때문에 졸병부터 시작했단다. 그런 그가 장군까지 되었으니 힘이 무척 셌나봐. 게다가 삼국지하면 떠오르는 명장 관우를 사로잡기까지 했단다.

그런 여몽에게 최대의 약점이 있었으니, 그것은 바로 '무식함'이었단다. 하지만 뭐, 여몽이 공부하기 싫어서 안 한 것은 아니었어. 어렸을 때 집안이 가난하여 배우지를 못했던 거야. 그런 그가 공을 세워 장군까지 되었는데도 여전히 무식해서 장군들이 회의하며 병법을 말하는데 잘 알아듣지 못하는 거야. 보다 못한 오왕 손권이 직접 여몽에게 찾아가서 충고를 했단다.

"여몽, 책 좀 읽으시게. 공부를 하란 말이오."

"아, 그게 저……. 제가 워낙 바빠서 말이지요."

"바쁘다는 핑계는 대지 말게. 아무렴 이 나라의 왕인 나보다 바쁘겠나? 나 역시 시간을 쪼개어 책을 본다네. 자네는 이 나라에서 중요한 역할을 맡고 있는 장군이 아닌가? 공부를 하라고 해서, 학자가 되라는 말이 아닐세. 다만, 병법 정도는 알아야 작전 회의도 하고 다른 장군들의 말을 알아들을 게 아닌가?"

손권의 말을 들은 여몽은 부끄러워서 얼굴이 붉어졌어. 그렇게 해서

불이 붙은 여몽의 공부는 식을 줄을 모르고 계속되었어. 그는 전쟁터에 서조차 손에서 책을 놓지 않고[수불석권] 학문에 정진했지.

　이 소식을 들은 재상 노숙은 여몽의 학식이 어느 정도인지 확인해 보고 싶었어. 노숙이 여몽을 찾아가서는 이것저것을 물으며 학문을 논했단다. 막힘없이 술술 대답하는 여몽을 보며 노숙의 눈은 놀라움으로 점점 동그래졌어. 여몽의 학식이 오히려 자신보다 더 뛰어나지 않겠어!

　"아니, 여보게. 언제 그렇게 공부했나?"

　그러자 여몽이 대답했지.

　"무릇 선비란 헤어진 지 사흘이 지나서 다시 만났을 땐 눈을 비비고 대면할[괄목상대] 정도로 달라져야 하는 법 아닙니까?"

　정말, 멋진 반전이지? 이렇게 괄목상대하게 학문이 깊어진 여몽은 노숙이 죽은 이후, 손권의 오른팔이 되어 많은 공을 세웠단다.

인물 속으로

고구려는 해마다 3월 3일 삼짓날에 사냥 대회를 열었어. 평원왕은 사냥에 뛰어난 기량을 보인 늠름한 청년을 흐뭇한 눈으로 바라보았어. 게다가 학식도 뛰어나서 문득 수년 전에 바보 온달에게 시집간다고 해서 내쫓은 평강을 떠올렸지. '저런 청년에게 시집을 갔으면 얼마나 좋은 일인가!' 하며……

"자네 이름이 뭔가?"

"예, 온달입니다."

평원왕은 눈을 비비며 다시 청년을 봤어.

"자네가 그 바보 온달이란 말인가?"

괄목상대하게 성장한 온달은 이후 후주와의 전쟁에서도 큰 공을 세워서 사위로 인정받고 대형(大兄)의 벼슬에 오른단다. 《삼국사기》 인물열전에 실린 온달의 이야기야.

기 자 : 국민 여러분! 기뻐해 주십시오. 우리나라 여자 축구 대표 팀이 여자 월드컵에서 우승컵을 거머쥐는 순간입니다. 오, 정말 기적입니다. 기적!

해설자 : 그렇지요. 우리나라 여자 축구는 남자 축구 보다 상황이 더 열악합니다. 우리나라의 여자 축구 선수는 347명입니다. 일본은 3만 6천 명인데 말이죠. 일본의 100분의 1도 안 되는 숫자로 우승을 하다니, 이건 우리나라 축구사 뿐 아니라 세계 축구사에도 길이 남을 일입니다.

기 자 : 네, 지금 외신이 들어오는데 기사 제목이 '괄목상대! 한국의 여자 축구팀'입니다.

해설자 : 게다가 우리 여자 축구는 역사도 짧아요. 작년에 아시아 예선을 통과했을 때만해도 목표가 16강 진출 아니었습니까? 실력이 정말 일취월장했습니다.

기 자 : 정말, 자랑스런 대한민국의 딸들입니다.

비슷한 말

일취월장(日就月將) : 날로 달로 자라거나 진보하여 나날이 발전한다는 뜻.

더 알아보기 관련 고사성어

수불석권(手不釋卷) : 손에서 책을 놓지 않음. 손에서 책을 놓지 않고 늘 공부한다는 말.

와신상담

臥 薪 嘗 膽
누울 와 섶,땔나무 신 맛보다 상 쓸개 담

:·˙ 온갖 어려움을 딛고

불편한 섶에 몸을 눕히고 몹시 쓴 쓸개를 맛본다는 뜻으로, 원수를 갚거나 마음먹은 일을 이루기 위하여 온갖 어려움과 괴로움을 참고 견딤을 비유적으로 이르는 말.

이야기 속으로

'와신상담'은 자신이 굳게 결심한 바를 잊지 않기 위해서 '땔 나무 위에 눕고, 몹시 쓴 쓸개를 맛본다.'는 말이야. 이 이야기는 중국의 춘추시대 오나라와 월나라에 관련된 이야기란다. 이야기에 앞서 먼저 중국의 춘추시대에 대해 간단히 설명해 볼게.

춘추시대는 만리장성으로 유명한 진나라가 통일하기 전인 기원전 770년에서 기원전 403년 사이의 시기를 말해. 이때도 중국 전체를 다스리는 종주국인 '주나라'가 있기는 했지만 단지 이름뿐이었어. 종주국 밑에 작은 나라가 있고, 이를 다스리는 왕을 제후라고 했는데, 이 당시 제후들은 힘도 없는 주나라를 무시하고 각자 자기들의 힘을 겨루었어. 그 제후들이 다스리는 나라가 열 개도 넘었고. 서로 싸워서 이기면 상대 나라의 지배권을 갖게 되었지. 그 중 힘이 센 다섯 나라를 '춘추오패'라 하는데, 제(齊) 환공, 진(晉) 문공, 초(楚) 장왕, 오(吳) 합려, 월(越) 구천이 그들이야. 앞이 나라이름, 뒤가 제후의 이름이란다. 맨 뒤에 말한

두 나라, 즉 오나라와 월나라가 바로 와신상담의 배경이 되는 나라란다.

오나라의 왕 합려는 이웃에 있는 앙숙지간인 월나라와 싸우다가 화살에 맞아 부상을 입게 되었어. 그 상처가 악화되는 바람에 목숨이 위태위태한 상황에서 태자인 부차를 불렀어.

"부차야, 월왕 구천이 아버지를 죽였다는 것을 잊어서는 안 된다! 나의 원수를 꼭 갚아다오." 합려는 이 말을 마치고 결국 죽음을 맞았단다.

오나라의 왕이 된 부차는 아버지가 돌아가시면서 남긴 마지막 유언을 잊지 않으려고 '섶 위에서 잠을 자고[와신(臥薪)]', 자기 방을 드나드는 신하들에게는 아버지의 유언을 외치게 했지. 그때마다 부차는 임종 때 아버지에게 한 그대로 대답했어.

"예, 결코 잊지 않고 3년 안에 꼭 원수를 갚겠습니다."

이처럼 밤낮없이 복수를 맹세한 부차는 은밀히 군사를 훈련시키며 때가 오기만을 기다렸어. 이 소식은 월나라에도 전해졌고, 월나라의 왕 구천은 참모인 범려의 말을 듣지 않고 먼저 공격을 했어. 하지만 복수심에 불타서 철저히 준비한 오나라의 군대를 이길 수는 없었지. 결국 구천은 회계산으로 쫓겨 도망가서 항복하고 말았단다. 드디어 오나라의 왕 부차는 복수에 성공해서 아버지의 유언을 지키게 된 것이지. 결심을 잊지 않기 위해 '와신'한 효과를 크게 본 거야.

한편, 구천은 오나라에 뇌물까지 주며, 부차의 신하가 되겠다며 굴욕적인 항복을 했던 회계산에서의 수치를 잊지 않기로 다짐한단다. 뇌물을 받은 부차는 구천을 살려주고, 귀국까지 허락했지.

겨우 목숨을 구한 구천은 겉으로는 오나라에 고분고분했지만, 안으로는 직접 농사까지 지어 백성들에게 모범을 보이며 복수의 그날을 준비했지. 그냥 다짐만 했냐고? 천만에. 그 쓰디 쓴 쓸개를 걸어 두고 음식을 먹을 때마다 쓸개를 같이 씹으며 회계산의 치욕을 잊지 말자고 다짐했단다. 쓸개를 맛본다는 뜻의 '상담(嘗膽)'이라는 말은 여기서 나온 것이야.

굴욕적인 항복의 날로부터 12년이 지난 해 봄, 오나라의 왕 부차가 천하의 패자가 되기 위해 전쟁하러 오나라를 비운 사이에 구천은 군사를 이끌고 오나라로 쳐들어갔어. 그리고 7년을 싸운 끝에 마침내 구천은 오나라와 부차를 굴복시키고 회계산의 치욕을 씻었지. 그 후 구천은 부차를 대신하여 천하의 패자가 되었단다.

와신상담이라는 말은 전쟁이 늘 일어나던 시기에 만들어진 말이야. 요즘 경쟁이 많은 분야는 단연 스포츠라고 할 수 있겠지. 지나친 경쟁은 좋지 않지만, 어떤 분야에서 최고를 목표로 와신상담하는 자세는 우리가 배워야 하지 않겠니?

"와신상담 박태환, 땀의 결실을 맺다. 자유형 200m 신기록 작성"

"아사다 마오 와신상담했지만 결국, 김연아를 넘지 못해……."

예강 : 이번 전교회장 선거에서 명수가 전교회장이 되었어요.

엄마 : 그래? 작년에 같은 반일 때 명수는 반 회장도 아니었잖니?

예강 : 명수가 작년에 반 선거에서 4표 밖에 못 받았었거든요.

엄마 : 그랬었니?

예강 : 그래서 홍철이는 '죽을 사(死)'의 4표라고 놀리고, 형돈이는 회장도 안 되고서 벌써 그만두느냐며 매번 사표 낸다고 놀렸어요.

엄마 : 에구, 저런. 떨어진 것도 속상한데 그렇게까지 놀리다니 너무했구나. 명수가 속이 많이 상했겠다.

예강 : 애들이 그러는데 책상 앞에 '4표'를 써 놓고 밤낮없이 공부하고, 학교에서는 친구들에게 친절하게 대하고 봉사도 엄청 많이 했대요.

엄마 : 완전 '와신상담'이구나!

예강 : 헤헤, 그렇지 않아도 별명이 와신명수로 바뀌었어요.

절치부심 切齒腐心
갈다 절 이 치 썩을 부 마음 심

:˙ 분한 마음을 품고

몹시 분하여 이를 갈며 속을 썩인다는 뜻으로, 원수를 갚거나 일의 성공을 위해 노력함을 이르는 말.

이야기 속으로

    몹시 분하면 저절로 이가 꽉 다물어지고, 입에 힘이 들어가기 마련이지. '부심(腐心)'은 마음이 썩는다는 말로 마음이 상한다는 표현이야. 이 '절치부심'은 번오기가 자신의 부모와 가족을 죽인 원수를 갚고는 싶지만 그 방법을 몰라서 '이를 갈며 마음이 썩어간다.'고 말한 데서 유래되었단다.

    전국시대의 막바지. 중국의 유명한 왕 진시황과 관련한 이야기야. 진시황의 어린 시절 이름은 정이었어. 당시는 서로 견제를 하기 위해 왕자들을 볼모로 보내기도 하고 잡아 오기도 했단다. 조나라에는 진의 왕자 정과 연의 태자 단이 잡혀와 있었지. 볼모로 만난 두 왕자는 서로 친하게 지냈어. 이후 정이 진나라로 돌아가면서 연의 태자 단도 같이 진나라로 가게 되었단다. 하지만 정은 진나라의 왕이 되고 나서는 연나라의 태자 단을 구박했어. 단은 진왕 정에게 복수하겠다는 마음을 품고 연나라로 탈출해 와서는 원수를 갚아줄 사람을 찾았지.

    한편, 진나라의 장수 번오기도 진왕의 노여움을 사서 쫓기다 연나라에

서 숨어 지냈어. 진왕은 번오기를 잡기 위해 가족을 모두 죽이기까
지 했단다. 진왕은 이렇게 잔혹했어. 그런데도 아무도 번오기를 잡
지 못하고 있었지.

　마침, 형가라는 장사가 진왕을 암살하겠다고 나섰어. 그런데
그는 두 가지 조건을 내걸었어. 자신이 진왕에게 접근하
려면 신임을 얻어야 되니까 연나라의 비옥한 땅 독항
의 지도와 진나라 장수 번오기의 목을 달라고 요구
한 것이야. 하지만, 태자인 단은 원수를 갚기 위해
번오기의 목을 내어 줄 수는 없다며 거절을 했어. 그러자
형가가 직접 번오기 장군을 찾아가 말했어.

원수에게
복수할 방법이
있소.

절치부심하는
바이오.

37

"지금 당장 장군의 부모와 가족을 죽인 철천지원수(진왕)에게 복수할 수 있는 방법이 있다면 어떻게 하시겠습니까? 소문에 진나라에서 장군의 목을 금 1천 근과 1만 가호의 고을로 산다고 합니다. 바라건대 장군의 목을 얻어 진왕에게 바치면 진왕은 반드시 기뻐하며, 나를 믿을 것입니다. 그때를 노려 내가 진왕의 목숨을 빼앗을 것이오. 그렇게 된다면, 장군의 원수도 갚고 연나라의 모욕도 씻을 것입니다."

이 말을 들은 번오기는 눈이 번쩍 뜨였어.

"이는 내가 밤낮으로 이를 갈고[절치] 마음을 썩이는[부심] 바입니다." 하고 스스로 목을 찔러 자살하고 말았어. 절치부심이 결국 목숨까지 내놓게 한 거야. 얼마나 분하고 원수를 갚고자 하는 마음이 강했으면 그렇게 했겠어.

이렇게 해서 형가는 반드시 진왕을 죽여 번오기의 원한과 연나라의 치욕을 씻고 오겠다며 '번오기의 목'과 '독항의 지도'를 가지고 진나라로 떠났단다.

하지만 이 암살 사건은 실패로 돌아가고 말았지. 결국, 절치부심했지만 번오기의 간절한 소망은 이뤄지지 않았어. 절치부심이란 말은 이렇게 번오기 장군이 진시황에게 부모와 가족을 다 잃어 분하고 원통한데 복수할 길은 없는 마음을 '이를 갈고 마음이 썩는다.'고 표현한데서 유래된 말이야. 지금은 성공이나 무언가를 이루기 위해 마음을 쓰며 노력한다는 뜻으로 더 많이 쓴단다.

예강 : 엄마, 수학 시험지에 사인해 주세요.

엄마 : 와우, 100점이구나! 대단한데. 지난번 60점에서 이렇게 성적을 올리다니.

예찬 : 어디 봐. 정말이네. 축하해 누나.

예강 : 고마워, 다 네 덕이야.

엄마 : 아니, 이번 백점 신화의 숨은 공로자가 예찬이였어?

예강 : 네. 지난번에 제가 60점 받았을 때 예찬이가 놀린 것이 약이 되었어요. 그때 이를 갈며 결심했지요. 다음번에 꼭 백점을 맞아서, 이 창피함을 꼭 씻으리라!

엄마 : 하하하, 절치부심했구나.

예강 : 헤헤, 맞아요. 절치부심!

엄마 : 이번에는 예찬이가 절치부심하며 노력해야겠는 걸. (윙크)

예찬 : (우물쭈물) 절치부심이 성공에야 좋겠지만 건강에는 안 좋대요.

예강 : 쳇, 핑계 없는 무덤 없다더니. 핑계는…….

예찬 : 흥, 아무래도 저도 이를 갈며 공부를 해야 되겠어요. 누나 두고 봐!

비슷한 말

노심초사(勞心焦思)	: 마음으로 애를 쓰며 속을 태운다는 뜻. 단, 절치부심이 분한 마음이라면 노심초사는 근심하는 마음 상태를 말함.
와신상담(臥薪嘗膽)	: 원수를 갚거나 마음먹은 일을 이루기 위하여 온갖 어려움과 괴로움을 참고 견딤을 비유적으로 이르는 말.

친구와
우정에 대한
고사성어

지음

관포지교

관포지교 | 管鮑之交
대롱 관 저린 어물 포 ~의 지 사귈 교

:˙ 서로를 배려하는 우정

관중과 포숙의 사귐이란 뜻으로, 우정이 아주 돈독한 친구 사이를 이르는 말.

이야기 속으로

　　중국 춘추시대 제나라의 관중과 포숙은 어릴 적부터 절친한 친구였어.
후에 관중은 명재상으로 이름을 날리는데, 그가 명재상이 되기까지는
친구였던 포숙의 공이 아주 컸단다. 그들이 나눈 우정이 얼마나 진실한
지 살펴보자.

　　관중이 포숙과 장사를 하던 때였어. 보통은 이익을 똑같이 나누는데
관중이 더 많은 이익을 가져갔어. 이를 이상하게 여긴 이웃 사람이 포숙
에게 물었지.

　　"당신은 관중이 더 많은 이익을 가져가는 것을 아시오?"

　　"허허, 알다마다요. 제가 그러라고 했습니다. 관중은 우리 집보다 사
정이 어렵고 집에 부양해야 될 가족이 많습니다."

　　그 이웃 사람이 다시 물었어.

　　"관중은 지난 번 전쟁터에서 세 번이나 도망쳐서 겁쟁이라 손가락질
받는다오. 당신이 무엇이 아쉬워서 관중과 계속 어울리는 것이오?"

　　"그것은 관중을 몰라서 하시는 말씀이오. 그는 정직하고, 지혜롭고

용기도 있습니다. 다만 그가 전쟁터에서 세 번이나 도망친 것은 연로하신 어머니가 계시기 때문이었소. 그가 전쟁터에서 쓸데없는 만용을 부리다가 목숨을 잃게 되면 어머니는 어떻게 되겠소?"

이렇게 말하자, 그 이웃 사람은 더는 할 말이 없었어. 그 이야기를 밖에서 듣던 관중은 눈물을 흘리며 속으로 생각했어.

'아, 나를 낳아주신 분은 부모님이지만 나를 진정으로 알아주는 이는 포숙이구나!'

그렇게 어린 시절부터 같이 하던 관중과 포숙은 각자 제나라의 왕자, 큰아들 규와 작은 아들 소백의 중요한 신하가 되었단다. 하지만 형제간의 왕위 다툼으로 둘은 어쩔 수 없이 반대편에 서게 되었지.

결국 동생 소백이 제후 환공이 되면서 형제간의 다툼이 마무리된단다. 형의 편에 섰던 관중은 소백 앞으로 끌려오고 말았어. 제나라의 제후가

관중이 그러는 데는 다 이유가 있지요.

진정으로 나를 알아주는 이는 포숙이구나!

된 소백은 이전에 자신을 죽이려 했던 관중을 잡아들여 목을 베려했지. 그때, 포숙은 목숨을 걸고 이를 말렸단다.

"전하, 제(齊)나라만 다스리는 것으로 만족하신다면 저 하나로 충분할 것이옵니다. 하오나 천하의 패자가 되시려면 관중을 기용하시옵소서."

환공은 포숙의 진심어린 충고를 받아들여 관중을 살려준단다. 그리고 포숙의 의견을 받아들여 관중에게 높은 벼슬을 내린단다. 후에 제나라 는 관중 덕분에 아주 부강해졌다고 해.

이처럼 관중과 포숙의 서로의 마음을 알아주는 우정, 관포지교는 '참된 사귐'의 모범이 되었지.

인물 속으로

〈만종〉을 그린 유명한 화가 밀레와 위대한 교육철학자 루소와의 관포지교를 소개해볼까 해. 밀레는 재능이 있었지만 너무 가난해서 돈이 되는 그림을 그려 겨우 생계를 이어갈 수 있었단다. 자기가 그리고 싶은 그림은 못 그린 채 말이야. 루소는 이것이 안타까워 밀레를 돕고 싶었지만 자존심이 강한 밀레에게 직접 돈을 줄 수는 없었어. 어느 날 루소는 밀레에게 300프랑을 주며 이렇게 말했어.

"기뻐하게. 자네 그림을 300프랑에 사겠다며 나에게 돈을 맡긴 사람이 있네. 그림은 나의 안목을 믿고 나한테 골라 오라고 했다네. 음~ 저기 〈접목하는 농부〉를 주게나."

밀레는 처음으로 300프랑이라는 거금을 그림 값으로 받게 된 거야. 그 돈으로 생활비를 해결하고 본격적으로 그림에 몰두하게 되었지. 곧 밀레는 유명한 화가가 되었단다. 성공한 밀레는 루소의 집을 방문하게 되었어. 그리고 밀레의 눈에서 한 줄기 눈물이 흘렀어. 루소의 방에 바로 〈접목하는 농부〉 그림이 걸려 있었거든.

엄마 : 책 읽고 있구나. 《오성과 한음》이네?

예강 : 예, '오성과 한음은 죽마고우요, 관포지교를 나누었다'는 대목을 읽고 있어요.

엄마 : 엄마도 어릴 때 오성과 한음을 읽었지. 참, 재밌었는데.

예강 : 엄마도 오성과 한음 같은 단짝 친구가 있었어요?

엄마 : 그럼! '지란지교'를 나눈 친구가 있지. 지초와 난초처럼 맑고 향기로운 사귐을 말해. 어때? 멋있지?

예강 : 지란지교는 왠지 우리 여자들의 우정에 잘 어울리는 거 같아요.

엄마 : 우정을 나누는데 여자 남자가 있나. 그런데 네 말 들으니 그럴듯하구나.

예찬 : 그럼 난 남자니까 관포지교를! 그나저나 나도 포숙 같은 친구가 있었으면 좋겠다.

엄마 : 네가 먼저 포숙이 되어 보는 것은 어떻겠니?

예찬 : 헤헤. 네!

비슷한 말

금란지계(金蘭之契) : 쇠처럼 단단하고 난처럼 향기로운 사귐을 이르는 말. 계를 사귐을 뜻하는 교(交)로 바꾸어 써도 같은 뜻임.

지란지교(芝蘭之交) : 지초와 난초의 사귐이라는 뜻으로, 곧 지초와 난초처럼 맑고 깨끗하며 향기로운 벗의 사귐을 가리킴.

문경지교 | 刎 頸 之 交

목을 벨 문 목덜미 경 ~의 지 사귈 교

:˙˙목숨도 같이하는 진실한 우정

목을 베어 줄 수 있을 정도의 사이라는 뜻으로, 생사를 같이할 수 있는 매우 소중한 벗, 또는 사귐을 이르는 말.

이야기 속으로

　때는 중국의 전국시대. 힘이 약하고 작은 조나라와 이웃에서 조나라를 호시탐탐 집어 삼키려는 크고 강한 진(秦)나라가 있었단다. 그런데 진나라도 조나라를 함부로 넘볼 수가 없었으니, 그 조나라에는 바로 전쟁만 했다하면 이기는 용감한 염파 장군과 지략이 뛰어난 인상여라는 재상이 있었기 때문이야.

　"염파 장군님! 지금 인상여가 재상이 되었답니다. 진나라 소양왕을 톡톡히 망신을 주었기 때문이라네요."

　인상여의 승진 소식에 염파 장군은 속이 부글부글 끓어올랐어.

　'나는 싸움터를 누비며 성을 쳐서 빼앗고 들에서 적을 무찔러 공을 세웠다. 그런데 입 밖에 놀린 것이 없는 인상여 따위가 나보다 높은 자리라니⋯⋯.' 그리고는 큰 소리로 외쳤어.

　"내 어찌 그런 놈 밑에 있을 수 있겠는가. 언제든 그 놈을 만나면 혼내주고 말테다."

　이 말을 전해들은 인상여는 염파 장군을 슬슬 피했어. 아프다고 하면서 조정 회의에도 빠지고, 저 멀리 염파가 보이면 옆길로 돌아가기까지 했지. 비겁해 보이는 인상여의 행동에 실망한 부하가 작별 인사를 하러 왔어. 그러자 인상여가 그에게 물었어.

"자네는 염파 장군과 진나라 소양왕 중에 어느 쪽이 더 두려운가?"

"그야 물론 소양왕이지요."

"자네도 알다시피 나는 소양왕도 두렵지 않네. 많은 신하들 앞에서 소양왕을 망신 준 사람이야. 그런 내가 어찌 염파 장군을 두려워하겠는가? 생각해 보게. 강국인 진나라가 우리 조나라를 쳐들어오지 않는 것은 염파 장군과 내가 버티고 있기 때문일세. 이 두 호랑이가 싸우면 결국 모두 죽게 돼. 그래서 나라의 안위를 생각해 염파 장군을 피하는 거라네."

이 말은 곧 염파 장군의 귀에도 들어갔지. 염파 장군은 자신의 속 좁음과 어리석음을 부끄러워했어. 염파 장군은 곧 웃통을 벗은 다음 형벌 도구를 목에 짊어지고 인상여를 찾아가 무릎을 꿇으면서 말했단다.

"내가 미련하고 어리석어서 대감의 높은 뜻을 미처 헤아리지 못했소. 어서 나에게 벌을 주시오."하고 염파는 진심으로 사죄했어. 인상여도 버선발로 섬돌 아래로 내려가 염파 장군을 일으켜 세웠지.

그리하여 그날부터 두 사람은 '문경지교'를 맺었다고 한단다. 이처럼 문경지교는 목을 베어 줄 수 있을 정도로 절친한 사귐을 말한단다. 절친한 사귐이라는 면에서는 관포지교와 비슷하지. 굳이 차이를 둔다면 '관포지교'가 친구의 속사정 속마음까지 헤아리며 힘이 되어 주는 우정이라면, '문경지교'는 죽음도 같이 할 수 있는 절실한 벗이라고 할 수 있단다.

인물 속으로

나폴레옹을 적극 반대하던 빌헬름 백작은 나폴레옹 군대가 쳐들어온다는 소식을 듣자, 자신의 전 재산을 친구 로스차일드에게 맡겼어. 로스차일드는 빌헬름 백작의 재산을 모두 자신의 정원에 파묻었지. 그리고는 자신의 재산은 하나도 숨기지 않았어. 나폴레옹 군대는 로스차일드의 재산을 모두 빼앗았지. 그의 재산을 모두 빼앗았기 때문에 더 이상 수색하지는 않았어.
재산을 목숨처럼 소중히 여기는 시절에, 친구가 맡긴 재산을 지키기 위해 자신의 재산은 숨기지 않았던 로스차일드. 정말 문경지교라 할 수 있지?
나폴레옹의 프랑스 군대가 떠난 뒤, 로스차일드는 빌헬름 백작의 재산 일부로 투자를 해서 성공했고 이자를 덧붙여 빌헬름 백자에게 돌려주었어. 빌헬름 백작 역시 그 돈을 받지 않고, 로스차일드에게 모두 맡기며 투자를 했다고 해. 이 로스차일드는 세계를 움직이는 유명한 금융기업의 창업자란다.

예강 : 엄마, 우리 반 급훈이 '문경지교'에요.

엄마 : 그래? 목을 베어 내어줄 만큼 절친한 사이를 뜻하는 고사성어 말이니? 초등학교 급훈으로는 너무 무겁지 않을까?

예강 : 그렇긴 하지만 선생님의 설명을 들으면 엄마도 생각이 바뀌실 걸요.

엄마 : 그래 들어보자.

예강 : 요즘은 친구를 위해 목숨은커녕 손해도 보지 않으려고 하고, 심지어 친구를 괴롭히는 경우가 많다며 우리 반은 그러지 말자는 뜻이에요.

엄마 : 그렇구나.

예강 : 이제부터가 중요해요. 목숨은 버리는 것이 아니라 잘 지켜야 하듯, 우정도 소중한 것이니 목숨처럼 잘 지키라고 하셨어요.

엄마 : 짝! 짝! 짝! 훌륭하신 선생님이시다.

더 알아보기 문경지교, 관포지교의 '교(交)'

交 (교)
❶ '사귐'의 뜻 : 교우이신(交友以信 : 믿음으로써 벗을 사귄다), 교제(交際)
❷ '섞임'의 뜻 : 교류(交流), 교통(交通)
❸ '번갈아'의 뜻 : 교대(交代)

지음 知音
알지 소리음

:•˙마음까지 알아주는 우정

마음이 서로 통하는 친한 친구를 비유적으로 이르는 말.

이야기 속으로

   '소리를 안다'는 뜻의 지음(知音)이 어떤 이유로 '자기 마음을 알아주는 친구'라는 뜻이 되었을까 궁금하지 않니? 지음의 주인공인 백아와 종자기를 만나러 가보자.

   중국 춘추시대 진나라에 거문고 연주를 잘하는 백아가 있었어. 그의 거문고 연주 솜씨는, "백아가 거문고를 타면 여섯 마리의 말이 하늘을 쳐다보며 풀 먹는 것을 잊었다."고 할 정도였단다. 그만큼 백아의 연주는 대단했지. 하지만 연주의 깊은 의미까지 이해하는 사람은 없었단다.

   어느 해인가 백아는 고향인 초나라를 가게 되었어. 때마침 추석 무렵이라 백아는 휘영청 밝은 달을 배경으로 구성지게 거문고를 뜯었어. 그때 그의 연주를 엿듣고 있는 사람이 있었단다. 허름한 차림의 나무꾼 종자기였어. 그런데 그는 놀랍게도 백아의 연주의 의미를 꿰뚫고 있었어. 백아는 깜짝 놀라서 음악을 바꾸어 보았지. 백아가 강물을 생각하며 거문고를 뜯으면 종자기도 강물을 바라보면서 이렇게 말하는 거야.

   "강물의 흐름이 도도하게 흐르니 마치 황하 같습니다."

이번에는 백아가 높은 산을 마음에 그리며 연주했지. 그러면 종자기
가 이렇게 화답했어.

"하늘 높이 우뚝 솟으니 마치 태산처럼 웅장하구나!"

종자기는 거문고 연주 소리로 백아의 속마음을 읽어냈던 거야.

"당신이야말로 진정 소리를 아는[지음(知音)] 분이요!"

백아도 종자기의 '소리를 아는' 능력에 감탄을 한단다. 마음이 통한 둘
은 그 자리에서 의형제를 맺었단다. 얼마 후 백아가 다시 진나라로 돌아
가야 했어. 다음에 만나면 또 거문고 연주로 마음 깊은
이야기를 하기로 하고 각자의 자리로 돌아가게 된
것이야.

이듬해 백아는 다시 초나라를 가게 되었어.

당신은 진정
소리를 아는 분이요!

마치 태산처럼
웅장하구나!

당연히 종자기의 집에 먼저 찾아 갔지. 그러나 종자기는 없었단다. 마을 사람들에게 종자기가 병으로 갑자기 세상을 떠났다는 슬픈 소식을 듣게 되었어.

백아는 종자기의 무덤에 찾아 가서 거문고를 연주했단다. 백아는 눈물을 흘리며 연주하고 연주가 끝난 후 거문고 줄을 끊고 산산조각 냈어.[백아절현(伯牙絕絃)] 백아는 이후로 연주를 다시는 하지 않았다고 해. '지음'이 없으니 더 이상 거문고 연주도 의미가 없는 것이었지. 이후 백아절현은 절친한 친구의 죽음을 슬퍼함을 뜻하는 말이 되었는데, 백아가 '지음' 종자기의 죽음을 슬퍼해 거문고 줄을 끊고 연주를 하지 않았기 때문이란다.

이처럼 백아와 종자기의 이야기에서 '지음'과 '백아절현'이라는 말이 생겼단다. 우리는 마음에 맞는 친구를 보통 '절친'이라고 하는데 앞으로는 지음이라고 부르는 것은 어떨까?

인물 속으로

스티브 잡스와 스티브 워즈니악은 유명한 컴퓨터 회사 애플을 창업했지. 둘은 서로의 지음(知音)이었다고 해. 잡스는 틈만 나면 인터뷰에서 워즈니악을 천재라고 했는데 그것은 진심에서 우러나온 말이라고 해. 워즈니악도 잡스의 출중한 사업수완을 높이 평가했다고 한단다.

스티브 잡스는 죽기 전에도 워즈니악에게 고마움을 표현했고, 워즈니악이야말로 자신을 가장 잘 이해해준 친구라고 말했대. 결국, 잡스가 먼저 세상을 떠났을 때 워즈니악은 '백아절현'의 아픔을 겪었단다. 하지만 백아절현은 절친한 친구의 죽음이란 비유적인 표현이지 정말로 백아처럼 자신의 꿈을 꺾으면 안 된단다. 그것은 친구가 바라는 일이 아닐 거야.

엄마 : 예찬아, 무슨 일 있니? 어깨가 축 처졌구나.

예찬 : 있잖아요. 명석이가요.

엄마 : 싸웠니?

예찬 : 싸우긴요. 전학간대요.

엄마 : 네 마음을 가장 잘 아는 '지음'이라며 제일 좋아했잖아.

예찬 : 아빠 직장 때문에 이사 가야 된대요. 흐흑!

엄마 : 저런! 어릴 때 친구는 다 헤어지기 마련이야. 나중에 커서 다시 만나면 되지. 자, 기운도 차릴 겸 네가 좋아하는 블록 놀이 하렴.

예찬 : 블록 놀이는 명석이랑 해야 제일 재미있단 말이에요. 이젠 블록 놀이 안 할 거예요.

엄마 : 백아절현이라더니! 그 좋아하는 블록 놀이를 마다하다니! 쯧쯧.

비슷한 말

간담상조(肝膽相照) : 서로의 가슴 속까지 이해하는 친함을 말함. 중국 당나라 시대의 문인 유종원과 한유의 사이에서 비롯됨. 한유가 유종원의 우정에 감동하여 훗날 유종원이 죽었을 때 그의 묘지 비석에 남긴 애도하는 글에서 유래됨.

죽마고우 竹馬故友
대나무죽 말마 옛고 벗우

:˙ 어릴 적 친구

대나무로 만든 말을 타고 같이 놀던 옛 친구라는 뜻으로, 어릴 때부터 가까이
지내며 자란 친구를 이르는 말.

이야기 속으로

　'죽마'는 대나무에 말처럼 머리와 꼬리를 붙이고 사타구니에 끼고 뛰어
다니며 노는 장난감 말을 가리킨단다. 그래서 죽마고우는 '죽마를 끼고
같이 놀던 옛 친구'를 말해. 어린이들은 예나 지금이나 친구들과 구슬치
기, 딱지치기, 공기놀이, 술래잡기 등 놀이를 하며 친한 친구가 되지. 세
발자전거 시합도 하면서 말이야. 즉, '죽마고우'는 우리말 '소꿉친구'에
해당하는 말이야. 어릴 적 친구를 죽마고우라고 표현한 고사를 소개해
볼까 해.

　중국의 위, 촉, 오의 삼국시대 이후 진(晉)나라 때의 이야기야. 진나라
의 왕이 된 무제는 죽마고우였던 제갈정을 떠올렸어. 지혜롭고 학문이
깊은 제갈정을 등용하고 싶었던 거야. 그런데 제갈정은 무제를 만나려
고도 하지 않았어. 그 이유는 제갈정의 아버지가 무제의 아버지에게 죽
임을 당했기 때문이야. 부모를 죽인 원수는 '불구대천의 원수'라 해서,
함께 하늘을 이고 살지 말라는 뜻으로 반드시 원수를 갚아야 되었단다.
그러니, 아무리 둘이 어릴 적 친구라 해도 제갈정 입장에서는 자신의 아

버지를 죽인 원수의 아들인 무제를 피하게 되었지.

　이에 무제는 제갈정을 만나기 위해 꾀를 내었어. 사실 제갈정의 누이는 무제의 작은아버지에게 시집와서 숙모가 되었거든. 그 숙모와 제갈정을 만나게 한 후 우연인 것처럼 거기에 나타나는 거였지. 그렇게 해서 겨우 제갈정과 만나 이야기를 나누게 되었고, 무제는 부드럽게 말을 시작했어.

　"자네는 예전에 죽마를 타며 놀던 옛 친구[죽마고우]가 아닌가? 그 좋은 시절이 생각나지 않는가?"

그 말에 제갈정은 "저는 아직 숯을 먹지도 못하고 몸에 옻칠도 하지 못했는데 오늘은 다시 폐하를 뵙게 되었습니다."라고 말하면서 눈물을 줄줄 흘리는 게 아니겠어! 여기서 '숯을 먹고 몸에 옻칠을 한다.'는 말은, 은인의 원수를 갚으려고 숯을 먹어 목소리를 바꾸고 몸에 옻을 칠해 문둥이로 변장한데서 유래한 속담이야. 제갈정이 아직 부모의 원수를 갚지 못한 사실을 돌려서 말한 거지. 그 말을 듣고서야 제갈정 입장을 이해하게 된 무제는 억지로 만나려고 했던 자신을 반성하면서 아무 말 없이 밖으로 나갔다고 한다.

인물 속으로

진(晉)나라 12대 황제인 간문제 때의 일이야. 신하 중에 촉나라를 평정하고 돌아온 환온이 있었어. 그의 세력이 날로 커지자 간문제는 환온을 견제하기 위해 은호를 등용했단다. 은호는 환온의 어릴 적 친구로서 학식과 재능이 뛰어난 인재였어. 어느덧 은호는 환온보다 높은 자리인 건무장군이 되었지.

이렇게 은호가 벼슬길에 나온 그날부터 두 사람은 죽마고우에서 적이 되고 말았단다. 이를 중간에서 화해시키려고 했지만 어떤 이유에서인지 은호가 거절을 했어.

그 무렵, 은호는 중요한 전쟁에 나가게 되었지. 하지만 전쟁터로 가는 도중에 말에서 떨어져 제대로 싸우지도 못하고 크게 패하고 돌아왔어.

환온은 기다렸다는 듯이 은호를 규탄하는 상소를 올려 그를 변방으로 귀양 보내고 말았단다. 그리고 환온은 사람들에게 이렇게 말했어.

"은호는 나와 죽마고우였지만 내가 죽마를 버리면 은호가 늘 가져가곤 했지. 그러니 그가 내 밑에서 머리를 숙여야 하는 것은 당연한 일이 아닌가."

은호는 죽마고우인 환온이 마음을 풀지 않아 귀양지에서 쓸쓸히 죽었다고 해.

아빠 : (전화 목소리로) 예찬아, 오늘 갑자기 중요한 약속이 생겼어. 그래서 집에 일찍 못 들어간다. 엄마 계시니?

예찬 : 약속 취소하시면 안 돼요? 아빠 일찍 오신다고 엄마는 장보러 가셨어요. 잠깐만요. 지금 들어오시네요. 전화 바꿀게요.

엄마 : 오늘 늦는다고요. 무슨 일 생겼어요?

아빠 : 철수라고 있잖아요, 그 친구 아버지가 돌아가셨어요.

엄마 : 아~! 죽마고우라고 했던 그분요?

아빠 : 죽마고우기만 할까! 막역지우이기도 하지.

엄마 : 네, 알겠어요. (전화를 끊고) 예찬아, 오늘은 네가 양보해야겠구나.

예찬 : 네. 저도 죽마고우 민수랑 놀러 갔다 오겠습니다.

엄마 : 어린애가 어린 시절 친구, 죽마고우라니 웃음이 나는데.

예찬 : 안 될 거 있나요? 헤헤헤.

비슷한 말

죽마지우(竹馬之友) : 죽마고우와 같은 표현.
막역지우(莫逆之友) : 거리낌이 없는 친구. 의기투합하여 아주 친밀한 벗을 말함.

토사구팽

사면초가

오월동주

권토중래

위기와 극복에 대한 고사성어

읍참마속

배수진

사면초가 | 四 面 楚 歌
넉 사 　 대할 면 　 초나라 초 　 노래 가

:˙ 사면의 위기

사면에서 들려오는 초나라의 노래라는 뜻으로, ❶사방이 빈틈없이 적에게 포위되어 어쩔 수 없는 상태. ❷주위에 반대자 또는 적이 많아 고립되어 있는 처지. ❸사방으로부터 비난받음을 비유하는 말.

이야기 속으로

　장기를 두어 본 적 있니? 빨간 색 글씨의 '漢'. 이것은 중국의 한(漢)나라를 뜻해. 그리고 초록색 글씨의 '楚'는 초(楚)나라를 뜻하지.

　'사면초가'는 바로 한나라 유방과 초패왕이라 불리는 항우와의 마지막 전투에서 있었던 이야기란다.

　진(秦)나라를 무너뜨린 초패왕 항우와 한나라의 왕 유방은 5년간에 걸친 패권 다툼을 잠시 멈추고 강화조약을 맺게 되었어. 승승장구하던 초나라가 힘만 믿고 밀어붙이다가 결국 밀리기 시작하자, 할 수 없이 강화조약을 맺고 다시 초나라의 본거지인 강동을 향해 철수를 하기에 이른 거야.

　한편, 한나라는 이번이 초나라를 무너뜨릴 기회라 여기고 강화조약을 깨고 항우를 쫓기 시작했어. 뒤에는 한나라 유방이 뒤쫓아 오고, 앞쪽에는 한나라의 명장 한신이 지휘하는 어마어마한 대군이 항우를 기다리고 있었지. 게다가 초나라 진영은 식량마저 거의 다 떨어져갔어.

　그런데 이게 웬일이야? 한밤중에 '사면에서 초나라 노래[사면초가(四

面楚歌)]'가 들려오는 거야. 부상당한 병사도 많고, 싸움에 연속으로 져서 사기가 떨어진데다 그리운 고향 노랫소리까지 들리니 초나라 군사들은 눈물을 뚝뚝 떨어뜨리는게 아니겠어. 처음에는 서로의 눈치를 보며 슬금슬금 도망치다가 나중에는 앞다투어 도망치기에 이른 거야. 항우는 깜짝 놀랐어.

'아니, 한나라가 벌써 초나라를 다 차지했단 말인가? 어찌 저토록 초나라 사람이 많은고?'

그리고는 자신의 막사로 여러 장군과 애인 우희를 불렀지.

"여러분도 지금 사면에서 들려오는 초나라 노래가 들릴 것이오. 우리는 졌습니다. 지금까지 나와 초나라를 위해 목숨을 걸고 싸운 영웅들이여, 내가 여러분을 위해 마지막 잔치를 열겠습니다."

그리고 항우는 시를 지어 노래를 불렀어.

"힘은 산을 뽑고 의기는 세상을 덮지만

때는 불리하고 추는 앞으로 나아가지 않는구나.

추가 가지 않으니 어찌하면 좋은고?

우야, 우야, 그대를 어찌할 거나!"

'추'는 항우가 아끼는 명마이고, '그대'는 애인 우희를 말해. 우희도 이별의 슬픔에 목메어 화답하고는 자결하고 말았단다. 그 모습을 지켜보는 장수들도 눈물을 흘렸지.

이렇게 처절하게 패배를 받아들이는 초나라 진영. 그렇다면 처음에 초나라 노래를 시작한 사람은 누구였을까? 정말로 초나라가 한나라에게 정복당해서 초나라 백성들이 슬픔에 겨워 노래를 시작했을까? 아니야, 그렇지 않았어. 그것은 한나라의 모사 '장량'의 꾀에서 나온 거였단다. 이미 항복한 초나라 군사들로 하여금 고향 노래를 부르게 하면, 모두 자신의 나라는 망했을 거라고 생각하고 도망을 갈 거라고 생각한 것이지. 장량의 심리 작전이 성공한 거야.

이처럼 사방에서 초나라 노랫소리가 들려온다는 '사면초가'는 사면이 빈틈없이 적에게 포위되어 빠져나갈 수도 없고, 구원의 기미가 없는 절망적인 상태를 비유하는 말이란다.

때는 1593년, 임진왜란 때야. 행주산성에서 권율 장군은 끝도 없이 밀려오는 왜군을 바라보며 입을 굳게 다물었어. 성안에는 2천 명 정도의 군사와 아녀 자들이 있을 뿐이었지. 그에 비하면 왜군은 열 배가 넘는 삼만 명의 군대인 거야. 게다가 그들의 무기는 총이었단다. 그야말로 '사면초가'의 상황이었어. 이러한 사면초가에 무릎을 꿇지 않고 행주산성의 우리 백성과 군사들은 죽을힘을 다해 왜군을 무찔렀어. 이 싸움이 바로 유명한 '행주대첩'이란다.

생활 속으로

예강 : 아빠, 오늘 어린이날인데 놀러가요. 네?

아빠 : 아이고, 바빠. 다음에 가자.

예찬 : 치, 지난번에도 다음에 가자고 하셨잖아요.

아빠 : 음, 오늘 중요한 약속이 있단다.

엄마 : 그 약속 취소되었다고 했잖아요.

아빠 : 으~~~ 사방에 적, 사면초가네.

예강 : 아빠, 패배를 인정하시고 항복하세요.

아빠 : 어린이 군사에게 졌습니다. 자, 공원으로 놀러 나가자.

예강, 예찬 : 야호!

비슷한 말

진퇴양난(進退兩難) : 나갈 수도 물러설 수도 없는 곤란한 상황. 이러지도 저러지도 못하는 어려움을 뜻함.

백척간두(百尺竿頭) : 백 자나 되는 높은 장대 위에 올라섰다는 뜻으로, 몹시 어렵고 위태로운 지경을 이르는 말.

토사구팽 :兔死狗烹

토끼토 죽다사 개구 삶다팽

:˙쓸모가 없으면 버려짐

토끼를 잡으면 사냥개는 주인에게 삶아 먹힌다는 뜻으로, 쓸모가 있을 때는 긴요하게 쓰이다가 쓸모가 없어지면 헌신짝처럼 버려짐을 비유한 말.

이야기 속으로

'토끼 사냥이 끝나면 사냥개는 삶아 먹힌다.'는 말은 한나라 유방이 천하를 제패하는데 큰 공을 세운 한신 장군이 모함을 받아 죽게 되었을 때 한 말이야. 토끼는 초패왕 항우를 가리키고 주인을 도와 열심히 사냥한 개는 한신 자신을 비유하지. 그리고 사냥개를 삶아 먹는 주인은 한나라의 왕 고조가 된 유방을 말한단다. 사냥개의 입장에서는 참 분하고 억울할 거야. 목숨을 다해 충성을 다한 주인에게 죽임을 당하니 말이야. 이야기를 들어 볼까?

초패왕 항우를 멸하고 한나라의 고조가 된 유방은 큰 공을 세운 한신을 초나라 제후에 임명했어. 그런데 항우의 부하 장군이었던 종리매를 한신이 숨겨준다는 소식을 듣고 고조는 마음이 불편했어. 초나라와 한창 전쟁 중일 때, 종리매에게 심하게 당한 기억 때문이야. 그래서 한신에게 당장 종리매를 잡아 바치라고 명령했지. 하지만 종리매와 죽마고우인 한신은 그럴 수가 없었지.

한신이 고조의 명령을 무시하자 반란을 꾀할 거라는 소문이 나돌았어.

64

더 화가 난 고조는 한신까지 의심하며 한신을 잡아오라고 했어. 만약 순순히 나오지 않으면 죽이라는 명령까지 내려졌지. 이 소식을 들은 한신은 예삿일이 아님을 눈치 채고, 순순히 고조를 만나러 갔어. 자신은 죄가 없으니 떳떳하다고 생각했기 때문이야. 하지만 여전히 고조 유방은 한신을 미워하며 의심의 눈초리로 바라보았어.

한신이 돌아와 이를 걱정하니, 한신의 부하가 속삭이듯 말하는 거야.

"종리매의 목을 가져가시면 폐하(고조 유방)께서도 기뻐하시며 의심을 풀 것이옵니다."

한신은 솔깃했지만 그럴 생각이 없었기에 이 이야기를 종리매에게 했어. 그러자 종리매는,

"고조가 초나라를 치지 않는 것은 자네 곁에 내가 있기 때문일세. 그런데 자네가 나를 죽여 고조에게 바친다면 자네도 얼마 안 가서 당할 것일세. 자네의 생각이 그 정도라니 내가 정말 잘못 보았네. 좋아, 내가 죽어주지." 하고는 스스로 목을 쳐 죽었어.

한신은 슬펐지만 자신의 결백을 증명하기 위해 자결한 종리매의 목을 가지고 고조를 만나러 다시 갔어. 그러나 고조는 한신을 역적으로 포박하게 했단다. 역적으로 포박 당하자 한신은 분개하여 이렇게 말했단다.

"과연 옛말이 맞는구나! 토끼를 사냥하고 나면 사냥개는 삶아 먹히고[토사구팽], 하늘 높이 나는 새를 다 잡으면 좋은 활은 곳간에 처박히며, 적국을 쳐부수고 나면 지혜 있는 신하는 버림을 받는다고 하더니 한나라를 세우기 위해 뼈가 가루가 되도록 공을 세운 내가, 이번에는 유방의 손에 죽게 되는구나."

'토사구팽'이라는 말은 이런 상황에서 한신이 말한 거야. 이제 이 말의 속뜻을 이해하겠지? 이후에 한신은 어떻게 되었냐고? 한나라 고조는 당장 한신을 죽이지는 않았다고 해. 한신의 세력이 만만치 않은데다 종리매의 목을 어찌되었든 가져온 한신이니까. 하지만 이후에 반란의 죄를 씌워 결국 한신을 죽인단다. 결국 자신이 했던 말처럼 토사구팽 당하고 말았지.

인물 속으로

'토사구팽'이라는 말을 최초로 썼다고 전해지는 이는 춘추시대 월나라의 재상 범려야.

"교활한 토끼가 죽으니 달리던 개가 삶기고, 높이 나는 새가 사라지니 명궁이 창고에 저장된다."

이렇게 말한 범려는 월나라 왕이 춘추시대의 패왕이 되자, 이 말을 남기며 사라졌다고 해. 그 바람에 그는 잘 살았지. 후에, 이 말이 속담처럼 전해오다가 한신이 고조 유방에게 잡혀 와서 죽게 되었을 때, 자신의 심정을 담아 다시 써서 유명해졌단다.

생활 속으로

예찬 : (씩씩~)

예강 : 왜, 무슨 일이야? 너 명수네 놀러 간다며 좋다고 나갈 때는 언제고.

엄마 : 명수 형이랑 싸웠니?

예찬 : 명수 형이 나하고 놀자는 이유는 다 게임기 때문이었어요. 어쩐지 내가 게임기 가져갔을 때만 친절하더라니!

예강 : 오늘도 가져갔잖아? 원래는 내가 가지고 놀 차례였는데.

예찬 : 오늘 가보니 더 좋은 게임기 샀더라고요. 다른 형들도 다 좋은 게임기 가지고 왔고요. 저를 거들떠도 안 보더니, "야, 여긴 다 6학년이니까 넌 가!" 그러는 거예요. 전화해서 맨날 놀자고 할 때는 언제고. 잉잉.

예강 : 너 명수한테 토사구팽 당했구나. 네 게임기와 함께.

예찬 : 뭐라고?

오월동주 吳越同舟

오나라 오 월나라 월 같을 동 배 주

∴ 원수라도 위기에는

오나라와 월나라가 한 배를 탄다는 뜻으로, ❶원수끼리 함께 있음을 비유하거나, ❷적의를 품은 사람끼리라도 위기의 상황에서는 서로 돕는다는 말임.

이야기 속으로

'원수는 외나무다리에서 만난다.'는 속담을 들어 봤지? 신기하게도 하필이면 원수는 피하기 어려운 곳에서 만나게 된다는 뜻이지. 그렇다면 말이야. 원수끼리 같은 배를 타게 된다면 어떻게 해야 할까? 게다가 폭풍우가 몰아쳐서 위급한 상황이라면 어떡하지? 우리가 생각해도 서로 도와야 되지 않겠니? 만약 계속 다툰다면 둘 다 죽을 수밖에 없으니까 말이야.

'오월동주'는 춘추시대 손무가 쓴 병법 책 《손자》에서 유래된 말이야. 이 책에서 말하는 '싸움의 방법'은 요즘에도 사람과 사람 사이에 적용하면 유익한 점이 많아서 지금도 사랑받고 있단다.

오월동주는 위급한 상황에서 살고자 한다면 원수라도 도와야 한다는

주장을 하면서 그 예로 서로 적대국이었던 오나라와 월나라가 같은
배를 타게 된 경우를 예로 들은 거란다. 대체 오나라와 월나라
가 얼마나 앙숙이기에 이 두 나라를 원수 사이의
대표로 꼽았는지는 다음 표를 보면 저절로
이해가 될 거야.

구분	오	월	적대관계의 내력
1대	합려	윤상	오의 합려와 월의 윤상이 서로 원한이 있었고 윤상이 죽자 그의 아들 구천이 오나라를 침략하여 합려를 죽임. 합려의 아들 부차에게 구천이 회계산에서 항복당하여 서로 물리고 무는 관계로 오나라와 월나라는 견원지간(개와 원숭이 사이로 사이가 나쁨)이 되었지.
아들	부차	구전	❶ 합려 ↔ 윤상(죽음) ❷합려(죽음) ← 구천(승) ❸부차(승) → 구천(항복) ❹부차(자결) ← 구천(승)
고사 성어	와신상담 오월동주		

손무는 오왕 합려 때, 초나라의 도읍을 치고, 제나라와 가장 강했던 진나라를 무찌르기도 한 오나라의 장군이기도 했어. 팔은 안으로 굽는다고 했는데 오나라 장군이었던 손무가 '오월동주'에 대해서 과연 뭐라고 말했을지 궁금하지? 손무가 한 말을 들어보자.

"예부터 서로 앙숙인 오나라 사람과 월나라 사람이 같은 배를 타고[오월동주(吳越同舟)] 강을 건넌다고 할 때, 갑자기 폭풍우가 휘몰아쳐 배가 뒤집히려 한다면 어떻게 하겠는가? 오나라 사람이나 월나라 사람이나 모두 평소의 미워하는 마음을 잊고 서로 왼손 오른손이 되어 필사적으로 도울 것이다. 바로 이것이다! 우리가 싸움터에서 의지해야 할 것은 오로지 죽기를 각오하고 하나로 뭉친 병사들의 마음이다."

이렇게 손무는 비록 원수[오와 월] 사이라도 같은 배를 타면[같은 운명, 같은 위기] 협력해야 된다고 말하고 있어. 이것이 오월동주의 속뜻이란다.

예찬 : 누나, 우리 반이 피구대회 결선에 진출하게 되었어.

예강 : 우리 반도 결선에 나가, 뉴반이랑 붙게 되었어. 뉴반에는 종국이랑 재석이가 있는데 큰일이야.

예찬 : 누나 반에도 홍철이 형이랑 하하 형이 피구 잘 하잖아.

예강 : 잘하면 뭐하냐? 그 둘이 만나면 으르렁대는 개하고 고양이 사이인데!

예찬 : 아무렴 같은 편인데도?

예강 : 말도 마라. 오늘도 홍철이가 하하한테 패스하는데 그건 패스가 아니라 공격이더라고. 그 공 빗맞아서 지효가 울었잖아. 걔네들은 언제나 철이 들지.

예찬 : 그 형들은 '오월동주'도 몰라요?

예강 : '오월동주'를 알면 철들었게!

비슷한 말

동주제강(同舟濟江) : 같은 배를 타고 강을 건넌다는 뜻으로, 원수끼리도 공동의 목적을 위해서는 서로 협조하게 된다는 말.

동주상구(同舟相救) : 같은 배를 탄 사람끼리 서로 돕는다는 뜻으로, 이해관계에 얽혀 있으면 자연히 서로 돕게 됨을 이르는 말.

읍참마속 | 泣 斬 馬 謖

울읍　벨참　말마　일어날속

: 대의와 인정 사이에서

울면서 마속을 벤다는 뜻으로, 법의 공정성을 지키기 위해 사사로운 정을 버리는 것을 비유하는 말.

이야기 속으로

　　때는 중국의 삼국시대 초엽. 촉나라의 제갈량은 대군을 이끌고 성도를 출발했어. 곧 한중 땅을 휩쓸고 그 기세로 기산으로 진출하여 위나라 군사를 크게 무찔렀지.

　　그러자 위나라의 조조는 군사적으로 아주 중요한 기산을 다시 되찾기 위해 명장 사마의를 급히 파견했어. 사마의는 20만 명의 대군을 이끌고 기산의 들녘에 진을 쳐 제갈량의 군대와 마주 바라보게 되었어. 두 나라의 대군이 이 상황에서 기세를 잡을 수 있는 열쇠는 식량을 운반하는 길목인 가정 지역이었어. 지금은 제갈량 쪽이 차지하고 있지만 만약 빼앗기면 촉나라가 중원으로 나갈 수 있는 기회가 물거품이 될 수도 있을 만큼 중요한 지역이었지. 문제는 그렇게 중요한 가정 땅을 지킬 장수가 마땅히 없다는 거였어.

　　그때 마속이 자원하고 나서는 게 아니겠어. 마속은 제갈량과 문경지교를 맺은 백미 마량의 동생이야. 제갈량은 마속을 친동생처럼 아꼈지. 그러나 백전노장 능구렁이 사마의와 대결하기에는 마속의 역량이 부족했지. 주저하는 제갈량에게 마속은 계속 졸랐어.

"제갈량님, 제가 어려서부터 병법을 익혔는데 어찌 가정 지역 하나 못 지키겠습니까? 만약 패하면 저는 물론 우리 가족까지 목을 베서도 결단코 원망하지 않겠습니다."

가족의 목숨까지 걸며 승리를 장담하는 마속을 보면서 제갈량은 자신의 명령을 잘 따를 것을 당부하며, 마지막 다짐을 해두었어.

"지키기만 하면 되네. 또한, 군율은 두 말이 없다는 것을 명심하라."

서둘러 가정에 도착한 마속은 지형을 살폈어. 삼면이 절벽을 이룬 산이 눈에 띄자 산 위에 진을 쳤어. 원래 제갈량은 그 산기슭의 좁은 길을 지키라고 명령한 것인데, 마속은 적을 꾀어내어 모두 섬멸할 계획으로 산 위에다 진을 친 거지. 그러나 사마의의 군대는 꿈쩍도 않고, 산기슭을 포위만 한 채 시간을 끄는 거야. 엎친 데 덮친 격으로 산 위에서는 먹을 물이 없었어. 다급해진 마속은 병력을 총동원해서 위나라의 포위망을 뚫으려고 했지만 위나라 군대에게 크게 지고 말았단다.

　마속의 실패로 인해 모든 군대를 기산에서 후퇴시킨 제갈량은 마속에게 중책을 맡겼던 것을 크게 후회했어. 전투에서 졌기 때문만은 아니었어. 어차피 전쟁에서 이기고 지는 일은 늘 있기 마련이니까. 다만 상관의 명령을 거스른 마속을 군율로서 처벌해야 했기 때문이야. 상관의 명령을 어기면 군율에 따라 목을 베는 형벌인 참형으로 다스렸거든.

　드디어 마속이 처형되는 날이 오고야 말았어. 주위의 다른 장수들이 마속의 처형을 말리자 제갈량은 단호하게 거절하며 이렇게 말했어.

　"마속은 정말 아까운 장수요. 하지만 사사로운 정에 끌리어 군율을 저버리는 것은 마속이 지은 죄보다 더 큰 죄가 되오. 아끼는 사람일수록 가차없이 처단하여 대의를 바로잡지 않으면 나라의 기강이 무너지는 법이오."

　마속이 형장으로 끌려가자 제갈량은 소맷자락으로 얼굴을 가리고 마룻바닥에 엎드려 울었다고 해. 대의를 위해 마속을 어쩔 수 없이 처형했지만 마속을 아꼈던 제갈량은 마음이 찢어질 듯 아팠을 거야.

"그리스 연합군의 총사령관 아가멤논은 피눈물을 삼키며, 자신의 딸 이피게네이아가 산 제물이 되는 장면을 지켜보아야 했다. 총사령관의 딸을 제물로 바쳐야 여신 아르테미스가 화를 풀고, 그래야만 트로이를 원정하러 떠날 수 있기 때문이었다. 아가멤논은 사령관으로서의 의무감에 사사로운 아버지로서의 정을 희생시키지 않으면 안 되었다." -《그리스 신화》

대의를 위해 자신의 딸을 산 제물로 바쳐야 되는 상황은 그리스 신화 속 '읍참마속'이라고 볼 수 있지. 다행히 이피게네이아를 불쌍히 여긴 여신은 그녀를 사라지게 했다는구나.

예강 : 만화책 읽고 있었네.《만화 삼국지》?

예찬 : 응, 지금 제갈량이 마속을 처형하고 엎드려 우는 장면이야.

예강 : (우쭐하며) 읍참마속이구나. 근데, 제갈량 좀 심하지 않냐? 좀 봐 주지.

예찬 : 뭐, 어떡해! 그게 군율인데.

예강 : 법은 사람을 위해 있는 거지. 내가 마속이고 네가 제갈량이면 누나도 죽이겠다.

예찬 : 에이, 그건 아니지. 그럼, 마속이 마량의 동생이 아니라 그냥 부하 장군이라면 어떻게 해야겠어?

예강 : 뭐, 그때는 법으로 다스려야지.

예찬 : 안다고 봐주고, 모른다고 벌주고. 그럼 누가 제갈량의 부하를 하겠어? 나라도 떠나겠다.

예강 : 음~~ 그런가?

엄마 : 오늘의 토론은 예찬 승!

배수진 | 背 水 陣
등배 물수 진칠진

∴ 죽기를 각오하는 자세

강이나 바다를 등지고 진을 친다는 뜻으로, ❶물을 등지고 적을 치는 전법.
❷어떤 일을 성취하기 위하여 더 이상 물러설 수 없음을 비유적으로 이르는 말.

이야기 속으로

　　한나라 고조 유방이 아직 황제에 오르기 2년 전의 일이야. 명장 한신
은 유방의 명에 따라 위나라를 쳐부순 다음 조나라로 쳐들어갔어. 그러
자 조나라에서는 20만 명의 군사를 동원하여 조나라로 들어오는 좁은
길목 끝에 성채를 세웠지.

　　한편, 첩자를 통해 조나라가 기습작전을 펴지 않는다는 사실을 알게
된 한신은 서둘러 좁은 길을 통과하다가 출구를 10리쯤 앞둔 곳에서 일
단 행군을 멈췄단다.

　　이윽고 밤이 깊어지자, 한신은 2천여 명의 기병을 조
나라의 성채 바로 뒷산에 숨겨 놓으면서 이 임무를 맡은
장군에게 이렇게 명했어.

　　"우리가 내일 조나라의 성채를 공격하다 달아날 것
이다. 그러면 조나라 군대가 성을 비우고 우
리를 쫓을 것이다. 장군은 그 틈을
이용하여 성채를 점령한 뒤 한

나라의 깃발을 세우도록 하라."

그리고 한신은 1만여 명의 군사를 좁은 길의 출구 쪽으로 보내며,

"지금 좁은 길을 빠져나가면 강이 보일 것이다. 가서 강을 등지고 진을 치도록[배수지진(背水之陣)] 해라. 그리고 우리가 싸우다 거짓으로 패하여 그쪽으로 도망을 오면 힘을 합쳐 싸우는 것이 이번 작전이다."

이윽고 날이 밝자 한신은 본대를 이끌고 성채를 향해 나아갔어. 한나라 군사가 공격해오자 조나라 군사는 성채에서 나와 대응했어. 두 세 차

물러날 곳은 없다!
죽을 각오로
싸워라!

77

례 전투를 벌인 끝에 한신의 부대가 강가에 진을 친 부대로 도망쳤어. 그 모습을 성채에서 지켜보던 조나라는 크게 비웃었어.

"아니, 저들이 미쳤나? 강을 등지고 진을 치다니 어리석기 짝이 없도다. 이 기회에 저들을 모두 무찌릅시다."

이렇게 하여 조나라는 성채를 거의 비우고 20만 명의 군대 모두를 동원해서 한신의 부대를 무서운 기세로 뒤쫓았어. 바로 이때, 미리 숨어있던 기병대는 비어 있는 성채를 쉽게 차지하고 한나라 깃발을 세웠단다.

한편, 앞에는 20만 대군의 조나라 군대가 몰려오고, 뒤에는 강물이 있는지라 도망갈 수도 없는 한나라 군사들은 죽을힘을 다해 조나라 군사에 대항해 싸울 수밖에 없었어. 눈에 불을 켜고 일당백으로 싸우는 한나라 군사에 조나라 군사는 기가 꺾이기 시작했지. 할 수 없이 성채로 돌아가려고 보니 웬걸! 성채는 이미 한나라의 붉은 깃발이 휘날리는 거라. 조나라 군대는 우왕좌왕하고, 결국 전쟁은 한신의 대승리로 끝났어.

그날 밤 승리를 기념하는 축하 잔치에서 부하 장수들이 배수진을 친 이유를 묻자 한신은,

"병법에 죽을 곳에 두어야 사는 길이 있다고 했소. 우리 군사는 이번에 급히 편성해서 오합지졸이오. 배수진을 치게 되면 뒤에는 강물이 흐르니 싸움에 져서 죽든지 강물에 빠져 죽든지 죽는 것은 마찬가지이므로 죽기 아니면 살기로 싸움에 임할 것이고 그래서 이긴 것이오."

오랜 원정을 거듭해 전력이 떨어진 한나라 군대가 20만 대군의 조나라와의 불리한 싸움에서 이기기 위한 한신의 작전이 배수진인 거야. 그래서 배수진은 막다른 골목에 몰린 것처럼 죽기를 각오하는 정신 자세로 싸움에 임하는 것을 의미한단다.

예솔 : 엄마, 예강이 예찬이가 웬일로 열심히 공부하는데요.

엄마 : 그래야지. 앞으로 개학이 일주일 밖에 안 남았는데. (흐뭇한 미소)

예솔 : 그래도 이상한데요. 해마다 엄마한테 그렇게 혼나도 대답만 하고는 놀기 바쁜 애들이었는데 이상하네. (갸우뚱하며 방으로 들어간다)

예솔 : 야! 누가 내 책상 위에 있던 책을 만진 거야. 삐뚤어졌잖아! 앞으로 허락 없이 내방 들어오면 혼날 줄 알아!

예강 : 아이고 무셔라~~.

예찬 : 그러게 열심히 숙제 하자. 엄마가 개학까지 숙제 다 못하면 큰누나랑 같은 방 쓰게 한다고 하셨잖아.

예강 : 우리 숙제하게 하려고 엄마가 '배수진'을 치신 거지.

예솔 : (둘의 대화를 듣고) 아니 뭐야, 너희가 숙제 열심히 한 이유가 그거야. 그럼 내가 '죽을 곳'이야? 엄마! 너무해요.

비슷한 말

사량침주(捨量沈舟) : 식량을 버리고 배를 침몰시킨다는 뜻으로, 죽을 각오를 한다는 말.

제하분주(濟河焚舟) : 물을 건너고 나서 그 배를 태워버린다는 뜻으로, 죽을 각오로 싸움에 임함을 이르는 말.

파부침주(破釜沈舟) : 솥을 깨뜨리고 타고 간 배를 침몰시킨다는 뜻으로, 싸움터로 나가면서 죽을 각오를 하는 것을 이르는 말.

권토중래 捲土重來

말아올릴 권   흙 토   다시 중   올 래

∴ 다시 일어서는 도전 자세

> 땅을 말아 올리듯 흙먼지를 일으키며 다시 쳐들어온다는 뜻으로, 어떤 일에 실패한 뒤에 힘을 가다듬어 다시 그 일에 착수함을 비유적으로 이르는 말.

이야기 속으로

'권토중래'는 다시 힘을 모아 쳐들어온다는 말인데, 이 말을 설명하려면 앞서 얘기한 '사면초가'의 마지막 부분부터 다시 이야기를 시작해야 된단다.

사면초가의 그날 밤, 항우는 불과 8백여 명의 말을 탄 신하와 한나라의 포위망을 뚫고 겨우 탈출에 성공했어. 그리고 이튿날, 항우는 혼자 적군 속으로 뛰어들어 수백 명을 벤 뒤 오강을 건너기 위해 내쳐 달려왔어. 오강만 건너면 자신의 본거지인 강동으로 갈 수 있기 때문이야. 그때 오강정 나룻터에서 뱃사공 노인이 항우를 알아봤어.

"아니, 초패왕 항우 아니십니까? 살아 계셨군요. 어서 이 배를 타세요. 강동지방에는 젊은 사람이 아직 많으니 그들을 모아 어서 다시 일어나셔야지요."

항우는 8백여 명의 강동 영웅이 모두 죽고 혼자 몸인 것을 깨달았어.

"많은 젊은이들을 데리고 나와서 다 죽게 한 내가 무슨 면목으로 다시 고향에 가겠느냐?"

하고 말하면서 스스로 목을 쳐 자결하고 말았던 거야. 그의 나이 31세였어.

이 역사적인 사건이 있은 후 천년의 세월이 흘러, 유명한 당나라의 시인 두목이 오강정에서 항우를 떠올리게 되었어. 젊은 나이에 자결한 영웅을 아쉬워하며 시를 읊었단다. 그 시가 '오강정에서'야.

오강정에서 −두목
싸움에서 이기고 지는 것은 병가도 알 수가 없으니, 싸움에서 진
부끄러움을 참고, 다시 일어섬을 다짐함이 진정한 남자라 할 수 있다.
강동의 자제 중에는 영웅이 많으니 힘을 모아서 땅을 말아 올리듯
흙먼지 일으키며 다시 왔다면[권토중래] 그 이후를 누가 알랴!

권토중래(捲土重來)의 '권'은 '자리를 말아 거둔다.'는 말로, 있는 것을 다 모은다는 뜻이야. '토'는 지방을 뜻해. 즉, 중국 강동 지방에 있는 인력과 물자를 총동원해서[권토], 다시[중] 온다면[래] 재기에 성공하지 않았을까 하는 두목의 아쉬움이 담긴 시야. 이제 '권토중래'는 항우 뿐 아니라 우리 모두에게 '좌절하지 말고 다시 일어서라.'는 격언이 되어 우리를 격려하고 있단다.

이 권토중래라는 말을 통해서 한 번, 혹은 여러 번의 실패에도 불구하고 다시 일어서는 도전 자세를 꼭 배워야 할 거 같구나. 실패는 성공의 어머니라는 말이 있지만, 요즘은 한 번의 실패에도 쉽게 좌절하고 꿈을 꺾는 경우가 많은 것 같아. 실패 없이 이루는 성공은 어디에도 없단다.

인물 속으로

'나의 사전에 불가능이란 단어는 없다.'라는 말로 유명한 나폴레옹은 프랑스의 지배를 받고 있던 지중해의 섬 코르시카에서 태어나서 프랑스의 황제까지 된 인물이야.

나폴레옹은 처음에는 국민들이 바라는 많은 개혁을 이루었기 때문에 지지와 사랑을 받았어. 하지만 지나친 욕심을 부리며 스스로 황제의 자리에 오르고, 독재정치를 하며 국민 위에 군림하게 되었어. 결국, 러시아 원정에도 실패하고, 계속적인 패배에 엘바섬으로 쫓겨가게 되었어. 수치심으로 자결한 항우와 달리, 나폴레옹은 '권토중래'를 다짐하며 엘바섬에서 탈출해서 힘을 모았단다. 다시 황제의 자리에 오르는데 성공할 뻔 했어. 물론, 실패했지만 말이야. 야망이 지나쳐서 많은 사람들에게 고통을 주기도 했지만 '권토중래'하는 그의 의지는 우리가 배워야 하지 않을까?

방송목소리 : 다음으로 교장선생님의 훈화 말씀이 있겠습니다.

교장선생님(방송에서) : 우리나라는 일제 강점기 이래 최대의 어려움인 IMF 사태를 겪었습니다. 많은 나라가 위기를 겪으며 무너졌습니다. 하지만 우리나라는 다시 일어섰습니다! 권토중래한 것이지요. 우리는 주저앉지 않고, 다시 도전했던 것입니다. 꿈을 갖고 다시 일어서는 것이 권토중래입니다. 여러분은 고난에 좌절하지 말고, 권토중래하는 자세로 오뚝이처럼 늘 다시 도전하는 어린이가 됩시다.

학생들 : (박수소리) 짝 ! 짝 ! 짝 !

예강 : 은정아, 우는구나. 회장에서 떨어져서 그래?

은정 : 훌쩍, 훌쩍. 그냥 속상하고, 창피해서 그래.

예강 : 회장 선거는 2학기에도 있어. 교장선생님 말씀처럼 권토중래하면 되지. 기운 내!

비슷한 말

사회부연(死灰復燃) : 다 탄 재가 다시 불이 붙었다는 뜻으로, 세력을 잃었던 사람이 다시 일어선다는 말.

칠전팔기(七顚八起) : 일곱 번 넘어지고 여덟 번 일어선다는 뜻으로, 아무리 실패해도 굴하지 않고 극복하려는 의지나 상황을 가리키는 말.

걸초보은

오비이락

계란유골

순망치한

어부지리
견토지쟁

삶의 지혜와
태도에 대한
고사성어

새옹지마

계륵

새옹지마 塞翁之馬
변방 새　늙은이 옹　~의 지　말 마

∴ 알 수 없지만 긍정적으로

변방에 사는 노인의 말이라는 뜻으로, 세상일은 변화가 많아 어떤 것이 좋거나
나쁜 것이 될지 예측하기가 어렵다는 말.

이야기 속으로

　　중국 변방에 한 노인[새옹]이 살았어. 이 새옹에게는 아주 훌륭한 말이
한 마리 있었단다. 그런데 하루는 그 말이 야생마 무리들과 도망쳐 버린
거야. 마을 사람들은 그 소식을 듣고 새옹의 불행을 자신들의 일처럼 안
타깝게 여기고 노인을 위로했어.

　　"아이고, 어쩌지요? 참, 명마였는데……."

　　그러나 새옹은 별로 슬퍼하지도 않고 이 불행이 더 큰 행복으로 변할
수도 있다는 생각으로 느긋한 마음으로 살았단다. 그로부터 두 달쯤 지
났어. 들판 저 끝에서 먼지가 일더니 곧 익숙한 말 울음소리가 들려오지
않겠어? 설마 하는 마음으로 밖에 나가보니 예전에 기르던 바로 그 말인
거야. 게다가 옆에는 살지고 기름진 암말이 같이 있는 게 아니겠니?

　　이튿날 마을 사람들이 새옹의 집으로 모여들어 축하 인사를 건넸어.

　　"아이고, 어르신 축하드립니다! 잃었던 말이 멋진 암말까지 데리고 왔
다면서요. 이런 경사가 또 있습니까. 하하하!"

　　그 말에 기뻐할 줄 알았는데 의외로 새옹은 고개를 가로저으며 말했어.

히이잉~

어르신 축하합니다! 하하하~

두고 봐야 알 일이오!

"아니오. 모를 일이지요. 이 일이 복이 될지는 두고 봐야 알 일이오!"

'참, 알 수 없는 노인일세. 슬픈 일에 슬퍼하지 않고, 좋은 일에 좋다고 하지 않으니…….'

새옹에게는 아들이 있었는데 말타기를 좋아했어. 어느 날 아들은 아버지 몰래 새로 들어온 암말을 타보기로 했어. 새옹이 아들에게 어디서 왔는지 알 수 없는 말이니 함부로 타지 말라고 당부했었거든. 이 말을 어긴 거지. 아들은 들판에 나오자 마음껏 속력을 냈어. 그러다 그만, 말에서 떨어져서 다리가 부러진 거야. 그 이후로 아들은 다리를 심하게 절게 되었지. 마을 사람들이 그 소식을 듣고, 새옹을 위로하러 다시 몰려왔어.

"저런, 저런! 어쩌다가 이런 불행한 일이! 에구, 노인의 말씀이 맞았네요. 그 암말이 복이 아니라 재앙이었군요. 그나저나 아드님의 다리가 저렇게 되었으니 마음이 얼마나 아프세요." 그러자 이번에도 새옹은 덤덤한 표정으로 대꾸했어.

"이 일이 복이 될는지 누가 알겠소?"

아들이 절름발이가 된 지 한 해가 지났어. 오랑캐들이 중국으로 쳐들어오자, 변방의 젊은이들은 모두 전쟁터에 나가게 되었어. 하지만 새옹의 아들은 다리를 절기 때문에 집에 남게 되었단다. 전쟁은 끝났지만 마을로 다시 돌아온 젊은이는 거의 없었어. 전투가 치열해서 모두 죽었기 때문이야. 새옹과 새옹의 아들이 다정하게 지나가는 모습을 본 마을 사람들이 부러운 듯 중얼거렸어. "과연, 화가 복으로 바뀌었군!"

이렇듯 '새옹지마'는 복인줄 알았던 일이 바뀌어 재앙이 될 수 있고, 반대로 슬픈 일이 기쁜 일로도 바뀔 수 있으니 그때마다 너무 연연해하지 말라는 삶의 태도를 담은 말이란다.

인물 속으로

로즈 여사는 4남 5녀의 자녀를 두었어. 그녀의 장남은 해군 조종사가 되었어. 그러나 2차 세계 대전에 참전하여 추락사한단다.

1961년 그녀는 자신의 둘째 아들이 대통령 선서를 하는 모습을 감격에 젖어 바라본다.

1963년 대통령이 된 아들이 암살당했다는 소식을 뉴스를 통해서 본다.

1964년 셋째 아들이 상원의원에 당선된다.

1968년 셋째 아들이 암살당한다.

그녀는 미국의 로얄 패밀리 케네디가의 로즈 케네디 여사야. 로즈 여사의 인생은 그야말로 '새옹지마'였지. 그녀는 자신의 삶을 이렇게 말했어.

"인생은 고통과 환희의 연속입니다."

엄마 : 신문 읽니?

예강 : 예, 어제 배운 고사성어 '새옹지마'에 관련된 기사를 스크랩하고 자기 생각을 써야 해요.

엄마 : 그래, 기사는 찾았니?

예강 : 네, 제가 읽어 볼게요. "A씨는 3년 전에 복권에 당첨되었다. 그러나 당첨금으로 인해 아내와 불화를 겪고 이혼한다. B와 재혼한 A씨는 잠시 행복한 듯했으나, 회사를 그만두고 당첨금으로 투자한 사업이 망해 큰 빚을 지고 하루아침에 신용불량자가 된다."

엄마 : 아이구, 저런. 정말 새옹지마 같은 인생이구나. 그래 그게 끝이니?

예강 : 아니요, A씨는 하루 두 시간씩 자며 열심히 일해서 4년 만에 빚을 다 갚았대요.

엄마 : 새옹지마 같은 인생이더라도 열심히 노력하는 사람에게 결과가 좋기 마련이구나.

예강 : 새옹지마 같은 인생이지만 하늘은 스스로 노력하는 자를 돕는다는 것이 제 생각이에요.

비슷한 말

흑우생백독(黑牛生白犢) : 검은 소가 흰 송아지를 낳았다는 뜻으로, 재앙이 복이 되기도 하고 복이 재앙이 되기도 함을 비유하여 이르는 말.

전화위복(轉禍爲福) : 재앙이 바뀌어 오히려 복이 됨.

계란유골 : 鷄 卵 有 骨

닭 계   알 란   있을 유   뼈 골

∴ 운도 없어라

계란에도 뼈가 있다는 뜻으로, 재수 없는 사람은 모처럼 좋은 기회를 만나도
잘 안 풀린다는 말.

이야기 속으로

계란유골은 '계란에 뼈가 있다.'는 말이야. 어떻게 계란에 뼈가 있을
수 있냐고 생각할 거야. 게다가 이 말이 '재수 없는 사람은 모처럼 좋은
기회를 만나도 잘 안 풀린다.'는 뜻으로 '재수 없는 사람은 뒤로 넘어져
도 코가 깨진다.'는 속담과 통하니 점점 납득하기 어렵지? 하지만 '계란
유골'에 얽힌 이야기를 들으면 그런 모든 의문이 풀린단다.

조선 세종 때 영의정을 지낸 황희는 마음이 어질고 청렴하여 집이 아
주 가난했어. 황희의 이야기를 전해들은 세종은 황희를 도울 방법이 없
을까 궁리를 했지. 곰곰이 생각에 잠겨 있던 세종대왕은 무릎을 딱 쳤
어. 그리고는 다음과 같은 명령을 내렸단다.

"내일 남대문을 통해 들어오는 진상품은 모두 황희 정승 집으로 보내
거라."

그런데 다음날은 뜻밖에도 새벽부터 폭풍우가 몰아쳐 종일토록 그치
지 아니하니 드나드는 사람이 아예 없는 거라! 그러다가 다 어두워 남대
문을 닫을 시간이 가까워 올 때, 시골 영감이 계란 꾸러미를 들고 들어

오는 것이 아니겠어? '옳거니!' 하면서 그 계란꾸러미를 황희 정승 댁으로 보내니, 황희 정승 집에서는 계란을 얼른 삶았단다. 임금님께서 내린 음식은 하루해를 넘기면 안 되기 때문에 더욱 서둘렀지. 이제 막 먹으려고 계란을 깠는데 이게 웬일인가! 계란이 모두 곯아 있는 거야.

운이 없는 사람은 모처럼 선물로 얻은 계란도 곯아 있다는 이 황희 정승의 일화에서 나온 계란유골은, 조선 판 '머피의 법칙'이라 할 수 있어. 머피의 법칙은 바라는 것은 이루어지지 않고, 우연히도 나쁜 방향으로만 일이 전개될 때 쓰는 말이니 말이야.

이 이야기에서 보면 계란이 '곯았다'의 소리가 한자의 '골(骨)'과 비슷하여 '곯아 있다'를 '유골(有骨)'로 잘못 표기한 것이지만, 그대로 굳어져서 계란유골이 지금까지 전해 내려오게 되었다는구나.

탁—

이런! 계란이 곯았네.

—엥?

탈무드에 전하는 랍비 아키바의 이야기야.

아키바는 어떤 일을 당하던지 긍정적으로 생각하고 하느님께 감사하는 랍비였단다. 어느 날 아키바는 당나귀와 닭, 양초를 가지고 여행을 떠났어. 당나귀는 짐을 싣기 위해, 닭은 아침에 깨기 위해, 그리고 양초는 밤에 성경을 읽기 위해 가져갔단다.

날이 어두워지자 아키바는 마을에 도착해서는 사람들에게 하룻밤만 재워달라고 부탁을 했어. 마구간이라도 좋다고 했으나 마을사람들은 하나같이 야멸차게 거절을 했단다. 하는 수 없이 마을 밖 들판에서 한뎃잠을 자게 되었어. 그런데도 그는 '하느님이 하시는 일은 모두 좋은 일이야, 암.'하며 긍정적으로 생각했어.

밤이 되자 그는 촛불을 켜고 성경을 읽었어. 그런데 느닷없이 세찬 바람이 불어와 촛불이 꺼졌어. 그리고 얼마 후 어디선가 갑자기 맹수들이 나타나 당나귀와 닭을 물어 갔어. 그야말로 불행의 연속이었지. 이런 '계란유골'이 있나! 그래도 그는 '하느님이 하시는 일에는 모두 뜻이 있다.'고 중얼거리며 잠이 들었단다.

다음 날 아침. 그는 깜짝 놀라고 말았어. 눈을 떠보니 마을이 시커먼 잿더미로 변해 있는 게 아니겠어. 알고 보니 간밤에 산적들이 들이 닥쳐 마을 사람들을 모조리 잡아가고 마을에 불을 질렀던 거야. 아키바는 '만약 마을에서 잠을 잤더라면 나도 산적에게 잡혀갔을 거야. 또 촛불이 꺼지지 않았으면 불빛이 비쳐서 산적들에게 들켰을 것이고, 맹수가 나타나 당나귀와 닭을 물어 가지 않았더라면 그 소리 때문에 나도 잡혔을 거야. 아, 역시 하느님께서 하시는 일은 모두 좋은 일이로구나.' 하며 감사를 했다는구나.

아키바는 오늘 날 우리의 눈으로 보면 바보스러울 정도로 긍정적이고, 우직하지. 하지만 이러한 긍정의 힘은 '머피의 법칙'을 모든 것이 잘 풀리는 '샐리의 법칙'으로 바꾸는 힘이 되지 않을까!

예강 : 예찬아, 내가 오늘 얼마나 운이 없었는지 한 번 들어봐. 애들이 공짜로 공책을 받기에 나도 줄서서 기다렸거든. 그런데 내 차례가 되었을 때 공책이 딱 떨어지는 거야. 조금만 기다리라고 하더니 한참 만에 갖다 주는 거 있지. 그래도 어쨌든 받아 왔는데, 뜯어보니까 저학년용 공책인거 있지!

예찬 : 누나 오늘 완전 '언중유골'의 날이네. 머피의 법칙이랑 비슷한 거.

예강 : 뭐? 하하! '계란유골'이겠지. 계란이 곯았다는 황희 정승 얘기 말이지?

예찬 : 맞아, 계란유골. 그래도 유골은 맞혔으니 반은 맞았네 뭐.

예강 : 야, 그게 어떻게 반을 맞힌 거냐? 엄마 언중유골(言中有骨)이 무슨 뜻이에요?

엄마 : 말 속에 뼈가 있다는 말인데, 어떤 말 속에 무언가 다른 속뜻이 있을 때, 언중유골이라고 해. 고사성어가 대체로 언중유골이지.

비슷한 말

설상가상(雪上加霜) : 눈 위에 서리가 덮인다는 뜻으로, 나쁜 일이 연거푸 일어나는 것을 말함. 우리말로는 '엎친 데 덮친 격'이라고 함.

- 운수가 나쁜 사람은 뒤로 넘어져도 코가 깨진다.
- 재수 없는 포수는 곰을 잡아도 웅담이 없다.
- 도둑을 맞으려면 개도 안 짖는다.
- 밀가루 장수를 하면 바람이 불고 소금 장수를 하면 비가 온다.

어부지리 | 견토지쟁
漁父之利 | 犬兔之爭
고기 잡을 어　아비 부　~의 지　이로울 리 ┊ 개 견　토끼 토　~의 지　다툴 쟁

∴ 제3자의 이익

둘이 이해관계로 다투는 틈을 이용해서 엉뚱한 사람이 애쓰지 않고 이득을 얻는다는 말.

1. 어부지리(漁父之利) : (지나가던) 어부의 이익

　　조나라의 혜문왕은 가뭄이 들어 민심이 흉흉해진 틈을 타서 연나라를 쳐들어가서 연나라 땅을 빼앗을 참이었어. 이때 마침 연나라에서 말 잘하기로 유명한 소대가 찾아와서 이야기를 꺼내는구나.

　　"제가 오늘 조나라에 들어오는 길에 강을 지나는 데 말이지요. 조개가 입을 딱 벌리고 햇볕을 쬐고 있었습니다. 바로 그때 갑자기 도요새가 날아와 뾰족한 부리로 조갯살을 쪼는 게 아니겠습니까? 조개는 어떻게 했을까요?"

　　"아, 그야 조가비를 꽉 닫으면 되지 않겠나."하고 혜문왕이 대답했어.

　　"맞았습니다. 깜짝 놀란 조개는 조가비를 굳게 닫고 도요새의 부리를 놓아 주지 않았습니다. 그러자 도요새가 "이래봐야 넌 말라죽을 거야."라고 했지요. 조개도 "그렇다면 너는 굶어 죽겠지."하며 맞받아치더군요. 이렇게 옥신각신 하는 사이에……."

이야기가 점점 흥미로워지자 조나라 혜문왕은 침까지 삼켜가며 듣는 거야.

"지나가던 어부가 그 모습을 보며 '이게 웬 떡이냐'하면서 그 둘을 잡았습니다. 전하께서는 지금 연나라를 치려고 하십니다만, 연나라가 조개라면 조나라는 도요새입니다. 두 나라가 공연히 싸우다 두 나라 모두 지쳐있을 때, 조나라 가까이 있는 저 강대한 진나라가 어부가 되어 맛있는 국물을 다 마셔 버리고 말 것입니다."

혜문왕도 현명한 왕인만큼, 소대의 말을 못 알아들을 리가 없었지.

"과연 옳은 말이오."하며 혜문왕은 연나라를 치려는 마음을 돌렸단다.

2. 견토지쟁(犬兎之爭) : 개와 토끼가 다투다.

"세상에서 가장 발 빠른 개가 세상에서 가장 잽싼 토끼를 뒤쫓았습니다. 둘은 수십 리에 이르는 산기슭을 세 바퀴나 돌고 가파른 산꼭대기까지 다섯 번이나 오르내리는 통에 모두 지쳐 쓰러져 죽고 말았습니다. 이때 그것을 발견한 농부는 힘들이지 않고 개와 토끼 둘 다 얻는 횡재를 하였습니다."

이 이야기는 어부지리의 '조개와 도요새, 어부'가 '개, 토끼, 농부'로 바뀌었다는 것을 알 수 있어. 이 견토지쟁도 어부지리와 마찬가지로 힘이 엇비슷한 두 나라가 싸우면 힘이 센 다른 나라가 이익을 얻으니 이를 말리기 위해서 한 말이란다. 이처럼 어부지리와 견토지쟁은 두 나라나 두 사람이 다툴 때 제3의 나라나 사람이 이익을 보는 경우를 비유하는 말이란다.

역사 속으로

한국전쟁은 1950년 6월 25일 오전 4시 경, 한반도를 지나는 북위 38도선 이북 지역을 점유하고 있던 북한(조선민주주의인민공화국)의 인민군이 남한(대한민국)을 침공함으로써 시작되었어. 공산 국가였던 중국과 소련이 북한을 지원하고, 미국을 비롯한 민주주의 국가에서 한국군을 도왔단다. 치열했던 한국전쟁은 1953년 7월 27일에 휴전 협정을 체결함으로써 겨우 중단되었지.
당시, 일본은 2차 세계 대전의 패전국으로 승전국에 보상금을 물어야 했어. 그런데 한국전쟁으로 인해 많은 물자를 연합국 측에 팔면서 막대한 이익을 보게 되었단다. 한국전쟁으로 인해서 일본이 '어부지리'의 이득을 본 셈이었지.

예찬 : 야, 아이스크림이다. 헤헤, 내가 먹어야지.

예강 : 무슨 소리야. 그거 내꺼야.

예찬 : 누나도 먹었잖아? 나는 하나밖에 못 먹었어.

예강 : 나도 하나 먹었어.

예솔 : 그래, 그럼 둘이 하나씩 먹었으니 이건 내가 먹어야겠네.

　　　(예찬의 손에서 아이스크림을 빼앗아 순식간에 사라진다.

　　　예강, 예찬 어안이 벙벙하다)

예찬 : 뭐야, 큰누나는 이미 세 개나 먹었던데…….

엄마 : 너희 둘이 '견토지쟁'을 하고 있으니 큰누나가 '어부지리'

를 했구나.

예찬 : 이럴 줄 알았으면 사이좋게 나누어 먹을 걸.

예강 : (울상) 그러게 말이야.

비슷한 말

방휼지쟁(蚌鷸之爭) : 조개와 도요새의 다툼이란 뜻으로, '어부지리' 고사를 다르
게 표현하는 말.

전부지공(田父之功) : 농부의 횡재(뜻밖에 얻은 재물)란 뜻으로, '견토지쟁' 고사
를 다르게 표현하는 말.

오비이락 : 烏飛梨落
까마귀 오 날 비 배나무 이 떨어질 락

:˙내 잘못은 아니지만

까마귀 날자 배 떨어진다는 뜻으로, 아무런 관계도 없는 일이 공교롭게도 같이
일어나서 오해를 받는 것을 이르는 말.

이야기 속으로

조선시대 홍만종이라는 학자가 지은 《순오지》에 '오비이락(烏飛梨落)'
이라는 말이 기록되어 있어. 까마귀 날자 배 떨어진다는 우리 속담을 적
은 말이야. 이는 까마귀가 날자 하필 그때 배가 떨어져서 무슨 연관이라
도 있는 듯 오해를 받는 것을 말해. 까마귀 입장에서는 억울할 일이지.
하지만 여러분도 이런 일을 한 번쯤은 겪었을 거야. 이때는 변명을 해도
믿어주지 않는 경우가 많아. 정말 답답한 노릇이지. 그렇다면 대처 방법
은 없을까?

고사성어 '과전불납리(瓜田不納履)'는 바로 오비이락의 경우를 예방할
수 있는 하나의 방법이야. 과전불납리는 오이 밭에서 신을 고쳐 신지 말
라는 말로, 오이 밭에서 신발을 고쳐 신으면 오이 도둑으로 오해받을 수
있으니까 의심받을 행동을 하지 말라는 것이지.

과전불납리 : 남의 의심을 받기 쉬운 일을 하지 말라는 뜻.

'오이 밭에서 신발을 고쳐 신지 말고[과전불납리], 자두나무 아래서는

갓을 고쳐 쓰면 안 된다.'는 말은 '어떤 곳에서 의심 받을 만한 일을 하지 말라.'는 뜻이야. 이는 군자가 지켜야 할 도리였어. 이 말은 위왕의 후궁 우희가 써서 널리 알려졌단다. 우희가 어찌된 사연으로 이 말을 썼는지 이야기 속으로 들어가 보자.

중국 전국시대 제나라 위왕 때의 일이야. 당시에 간신 주파호가 있었어. 이 주파호는 말을 잘해 위왕을 조종하며, 나라 정치를 제멋대로 휘둘러서 나라가 어지러웠어. 그러니 사방에서 불만의 소리가 높았단다.

그런데도 위왕이 눈치채지 못하자, 보다 못한 후궁 우희가 위왕에게 아뢰었어.

퍼드득

툭

아이구!
오해 받겠네.

"전하, 주파호는 속이 검은 사람이오니 그를 내치시고 북곽선생과 같은 어진 선비를 등용하시옵소서."

이 사실을 알게 된 주파호는 우희와 북곽선생은 전부터 서로 좋아하는 사이라며 우희를 모함했지. 위왕은 마침내 우희를 옥에 가두고 관원에게 철저히 조사하라고 명령했어. 하지만 이미 주파호에게 매수된 관원은 죄를 억지로 꾸며내었지.

아무래도 이상하게 여긴 위왕은 우희에게 가서 직접 물었어. 그러자 우희는 이렇게 대답하는 거야.

"전하, 신첩이 이제까지 한마음으로 전하를 모신지 10여 년이 되었습니다. 지금은 간신들의 모함에 빠졌으나 신첩은 결백하옵니다. 만약, 저에게 죄가 있다면 그것은 '오이 밭에서 신을 고쳐 신지 말고[과전불납리], 자두나무 아래서는 갓을 고쳐 쓰지 말라.'는 옛 말을 지키지 못한 것과, 세가 죄가 없는데도 아무도 저를 위해 두둔해주는 사람이 없으니 이는 저의 부덕함이옵니다. 이제 저에게 죽음을 내리신다 해도 더는 변명치 않겠습니다. 다만, 주파호와 같은 간신만은 물리치시길 바랍니다."

우희의 진심어린 말을 들은 위왕은 그제야 깨달았어. 위왕은 간신 주파호 일당의 죄를 낱낱이 알게 되었지. 결국 그들을 형벌에 처했어. 그리고 우희의 충고대로 북곽선생을 등용하여 나라를 다스리니 나라가 안정되고 부강하게 되었다고 한단다.

'과전불납리'는 의심받을 만한 빌미를 주지 않도록 행동을 조심하는 것을 말해. 우리도 생활 속에서 이를 실천해 보자.

예찬 : (두리번거리며) 어, 책상이 어지럽네. 할 수 없다. 컴퓨터 책상에서 책을 읽어야지.

예솔 : 예찬아, 너 컴퓨터 앞에서 뭐하냐? 게임하지! 엄마~ 예찬이 게임한대요.

예찬 : 아니야, 책 읽고 있었단 말이야.

예솔 : 그래? 비켜봐. 누나가 컴퓨터 써야 될 일이 있어. (잠시 후) 예찬아, 여기 누나가 작업하던 한글 파일 어디 있어? 그리고 게임 안하긴 뭘 안 해. 여기 게임 있네. 너 혼나야 되겠다.

예찬 : 억울해. 오비이락이야! 나는 그냥 책상에서 책만 읽었다고.

예솔 : 억울하긴! 책 읽는 사람이 왜 컴퓨터 앞에 앉아 있어, 컴퓨터 앞에 있으니까 당연히 의심하지. 그리고 정말 내 파일 안 만졌어?

엄마 : 계속 열려 있어서 엄마가 저장하고 내려 놨다.

예강 : 헤헤! 게임은 내가 했어. 하지만 숙제 다 끝내고 한 거야.

예솔 : 예찬아 미안해. 하지만 너도 '과전불납리'라고 의심받을 만한 일은 하지 마라.

비슷한 말

이하부정관(李下不整冠) : 자두(오얏)나무 아래서는 갓을 고쳐 쓰지 말라는 말.

과전지리(瓜田之履) : '오이 밭의 신'이라는 말로, 의심받기 쉬운 행동을 비유적으로 이르는 말.

순망치한

脣 亡 齒 寒
입술순 망할망 이치 찰한

:·'이웃의 위기는 나의 위기

입술이 없으면 이가 시리다는 뜻으로, 서로 밀접한 사이의 한쪽이 망하면 다른 한쪽도 그 영향을 받아 위태로워진다는 말.

이야기 속으로

중국의 춘추시대는 여러 나라가 다투어 세력을 펼치는 시기였어. 특히 이웃해 있는 나라들은 이해관계가 겹치기 때문에 사이가 좋기 보다는 앙숙인 경우가 많았단다. 오월동주의 오나라와 월나라처럼.

반면에 이웃한 나라를 입술과 이의 사이로 비유하는 경우도 있단다. 입술과 이는 서로 가까이 있으면서 입술은 이를 보호하잖아. 이처럼 입술과 이, 즉 '순치' 사이는 이해관계가 밀접해서 하나가 망하면 또 다른 하나도 망하고, 하나가 잘 되면 또 다른 하나도 잘 되는 그런 사이를 말한단다. 가까운 나라를 공격해야 할지, 서로 도와야 할지 이야기 속으로 들어가 보자.

춘추시대 진(晉)나라의 왕 헌공은 괵나라가 자꾸 진나라로 쳐들어와서 소란을 피우자 아예 괵나라를 멸망시켜 버리고 싶었어. 그때 대부 순식이 한 가지 꾀를 내었어.

"괵나라와 우나라는 입술과 이의

관계이므로 가장 좋은 방책은 우로부터 길을 빌려 먼저 괵을 항복시키고 이어서 우를 뺏는 것입니다."

"좋은 계책이긴 하지만 우나라가 과연 길을 빌려주겠소?"

"보석과 좋은 말을 선물로 보내면 탐욕스런 우나라의 왕 우공이 반드시 제안을 받을 것입니다."

헌공은 밑져야 본전이지 하는 마음으로 순식의 말대로 우공에게 보석과 훌륭한 말을 보내어 길을 빌려 줄 것을 청했어. 예물을 본 우공은 크게 기뻐하며 승낙하려고 했어.

그때, 우나라의 대신 궁지기가 적극 말리며 반대했어.

멍청한 우왕 같으니라고!

"전하, 다시 생각하십시오. 속담에 입술이 망하면 이가 시리다[순망치한(脣亡齒寒)]고 합니다. 우와 괵은 입술과 이의 관계이니 괵이 멸망하면 우도 안전할 수가 없습니다. 길을 빌려 주면 절대로 아니 되옵니다."

하지만 이미 선물에 마음을 빼앗긴 우공은 궁지기의 충언을 귀담아 듣지 않았어.

"이보게, 궁지기. 경은 진나라를 오해하고 있는 것 같소. 진나라와 우나라는 모두 주황실에서 갈라져 나온 형제 나라가 아니요? 그러니 설마 해를 끼치겠소?"

"그렇게 말씀하시면 괵나라 역시 동종, 형제 나라이옵니다. 하오나 진나라는 동종의 의리를 잊은 지 오래입니다. 지난번에도 진나라는 동종의 겨레붙이를 죽인 일도 있지 않습니까? 전하, 그런 도를 모르는 진나라를 믿어서는 안 됩니다."

하지만 미련하고 욕심 많은 우공은 궁지지의 말을 무시하고 진나라에 길을 빌려 주기로 했어. 이에 궁지기는 크게 실망하여 집안을 이끌고 우나라를 떠났단다.

결국 진나라 군사는 우를 지나 괵을 공격했고, 괵을 순식간에 멸망시키고 말았어. 그리고 돌아오던 길에 우나라를 공략했지. 사로 잡힌 몸이 되어서야 우공은 궁지기의 충고를 듣지 않은 것을 후회했어. '입술' 역할을 했던 괵나라가 망하자, '이'였던 우나라 또한 망할 수밖에 없는 순망치한의 교훈을 남기고 말이야.

엄마 : 예강아, 예찬아, 우리 셋이 역할극 해볼까? 예강이는 당나귀, 예찬이는 말을 맡아.

당나귀(예강) : 헉헉, 이보게 친구, 내가 많이 지쳐서 그러니 내 짐을 조금만 덜어 주게.

말(예찬) : 지친 건 자네 사정이지. 내가 알 바 아닐세.

당나귀(예강) : 정말 너무하는군. (이를 악물며 걷는다) 으아악. (지쳐 쓰러져 죽는다)

주인(엄마) : 이거 야단났네. 할 수 없다. 말아, 당나귀가 지던 짐을 다 네가 져야겠다. 자, 꾸물거리지 말고 빨리 걸어. (채찍질한다)

말(예찬) : 아이고, 순망치한이라더니 당나귀가 죽으니 당장 내가 힘들구나!

엄마 : 이제 알겠지? 앞으로 방 치울 때 같이 돕기다. 누나가 병들면 너도 고생이야.

예찬 : 미안해 누나, 앞으로 같이 도울게.

예강 : 그래, 약속이다.

비슷한 말

보거상의(輔車相依) : 수레의 덧방나무와 바퀴가 떨어져 있을 수 없듯이 서로 돕고 의지한다는 뜻. 이해관계가 매우 깊은 사이를 말하기도 함.

계록 | 鷄肋
닭 계 갈비 륵

:• 이익은 없어도 버리기는 아까운

닭의 갈비가 먹자니 먹을 것이 별로 없고 버리기에는 아까운 것처럼, 무엇을
취해 봐야 이렇다 할 이득은 없어도 버리기에는 아까워 이러지도 저러지도 못
하는 상황을 이르는 말.

이야기 속으로

삼국지에서 한중 지역으로 유비를 치러가는 조조의 심사는 짜증으로
가득 차 있었어. 한중을 차지하기 위한 싸움이 몇 개월씩이나 계속되었
지만 얻는 것이 없었거든. 얻는 것은 고사하고 배고픔을 견디지 못한 군
사들이 도망을 치는 바람에 사기도 극도로 떨어져 있는 상태였지.

'한중을 포기한다? 아니지! 그 아까운 한중을 어떻게 쉽사리 포기한단
말인가!'

조조는 막사에서 저녁을 먹으면서도 생각에 골몰했어. 이제 닭갈비만
남겨 놓고 계속 갈등을 했지.

'아! 여우같은 제갈량은 후방에 있는 유비의 지원을 받아 식량이며 모
든 것이 풍족하다. 얼른 공격해 올 것이지 전면전은 요리조리 피하다니!
그런데 우리 쪽은 이게 뭔가? 군기는 빠져서 질서가 어지럽고, 배고픔을
못 견뎌서 도망가는 자들은 나날이 늘고 있다. 이 상태로는 공격도, 수
비도 할 수 없지 않은가! 음~~어떡하나……'

고민에 빠진 조조가 닭갈비[계록(鷄肋)]를 들었다 놓았다만 하고 있을

때, 부관이 물었어.

"전하, 오늘은 한중에서 철수를 할지 말지를 결정하셔야 됩니다. 명령을 내려주십시오." 그날 밤. 조조는 전군에 명령을 내렸어. 알 수 없는 암호로 말이야.

"오늘 밤 암호는 계륵이다!" 암호를 전달받은 병사들은 말할 것도 없고, 부장이나 장수들까지도 암호의 의미를 이해할 수가 없어 서로의 얼굴만 쳐다 볼 뿐이었어. 그런 와중에서 부장(직급) 양수만이 알겠다는 표정을 짓더니, 혼자만 빙글빙글 웃으며 보따리를 싸는 게 아니겠어?

모두들 놀라 양수에게 물었어.

"아니, 이 밤에 뜬금없이 짐은 왜 꾸리나?"

"장안(위나라의 도읍)으로 떠나려고. 대왕께선 암호를 '계륵'이라 정하셨으니 한중에서 철수할 것이오."

"그랬지. 그게 한중 땅에서의 철수하고 무슨 상관인가?"

"계륵은 먹으려 하면 먹을 것이 없고 그렇다고 내버리기도 아까운 것이오. 한중을 여기에 비유한 것은 먹을 것이 별로 없으니 아깝지만 버리겠다는 뜻으로, 대왕께서 군대를 철수하기로 작정하신 것이 아니겠소?"라며 태연하게 답했어.

다음날 과연 양수의 말대로 조조는 한중에서 철군한다는 명령을 내렸어. 조조는 아깝지만 이익이 없다고 판단한 '계륵' 한중에서 후퇴하고, 한중을 차지한 촉나라 유비는 스스로 한중 왕이 되었어. 그러나 이후에 조조의 위나라는 촉한과 오나라를 멸망시키고, 천하를 통일한단다.

이 이야기가 전해져서 오늘날 '계륵'은 그다지 쓸모 있는 것은 아니지만, 버리기는 아까운 것을 이르는 비유로 사용되고 있단다.

인물 속으로

이 계륵의 고사는 양수가 얼마나 똑똑한 인물인가를 보여 주는 한 예였어. 그는 조조와의 수수께끼 시합에서도 조조를 가볍게 이긴단다. 조조는 삼국지 세 나라의 왕 중에서 제일 똑똑하고 꾀 많은 인물이었어. 조조는 양수에게 시합에서 지고는 "양수는 나보다 300리 앞선다."며 칭찬을 했지.
그런데 그런 그가 한중에서 철수를 할 때 미리 보따리를 쌌다는 소식을 후에 듣고서는 생각을 바꾸었어. '남의 마음을 읽고 미리 행동하는 저런 머리는 위험하다. 언젠가는 벌을 주어야 되겠다!' 이렇게 판단한 조조는 결국 똑똑하고 재주 많은 양수를 죽인단다.
양수는 똑똑하지만 경솔해서 그를 크게 써도 얻을 것이 별로 없기에, 조조는 계륵처럼 양수를 버린 거지.

엄마 : 요걸 남기면 어떡하니? 마저 깨끗하게 먹어라.

예솔 : 먹을 것도 없는데요. 뭘~. 그리고 손 씻었단 말이에요.

엄마 : 얘, 닭은 요기 갈비가 제일 맛있는 부분이야.

예솔 : 하하하, 엄마. 제가 계륵도 모를까요? 버리기도 아깝고, 먹자니 먹을 것도 없고. 그럴 때는 과감하게 버리는 거예요.

엄마 : 어이쿠, 말씀도 잘 하십니다.

예찬 : 작은 누나~~ 그거 나 주라. 으응?

예강 : 아니야, 나도 필요해. 엄마! 예찬이가 자꾸 내가 안 쓰는 수첩 달라고 해요.

예솔 : 안 쓰는데 주지 그래.

예강 : 그래도. 안 쓰지만 주기는 아까워.

예솔 : 그걸 계륵이라고 하는 거다. 그 수첩 내가 너 준거잖아. 나도 그 때 그랬어.

엄마 : 오늘은 계륵의 날이네.

비슷한 말

양수집병(兩手執柄) : 양손에 떡을 쥐고 있다는 뜻으로, 속뜻은 둘 중에 하나를 골라야 하는 경우 이것을 갖자니 저것이 아깝고 저것을 취하자니 이것을 가질 수 없는, 이러지도 저러지도 못하는 경우를 말함. 혹은 '가지기도 어렵고 버리기도 어렵다'로 계륵과 비슷한 말.

결초보은 | 結草報恩

맺을 결　풀 초　갚을 보　은혜 은

∴ 죽어서도 은혜를 갚음

풀을 엮어 은혜를 갚는다는 뜻으로, 죽어 혼령이 되어도 은혜를 잊지 않고 갚음을 이르는 말.

이야기 속으로

　　남의 은혜를 잊지 않고 갚은 이야기가 뉴스에 나오고, 책으로 엮어 나온다는 것은 그만큼 그런 경우가 드물다는 증거겠지. 이 결초보은의 고사는 죽은 혼령이 은혜를 갚는 이야기란다. 이 믿기지 않는 이야기를 통해서 '보은'하는 자세를 배워보자.

　　중국의 진(晉)나라에 위무자라는 실력자가 살았단다. 그에게는 아름다운 후처가 있었어. 그 당시에는 주인이 죽게 되면 그의 노비나 후처를 같이 죽여서 묻는 순장의 관습이 있었단다. 나이가 들어 병이 든 위무자는 아들 위과를 불러서 후처에 대해서 유언을 했어.

　　"위과야, 내가 죽더라도 네 새어머니를 나와 함께 묻지 말고, 좋은 사람에게 다시 시집보내거라."

　　위과는 그러겠다고 약속을 했어. 그리고 얼마 있자 아버지의 병세가 깊어지며, 정신이 오락가락해지더니 다시 아들 위과를 불러 유언을 하는 거야.

"위과야, 내가 죽으면 네 새어머니를 나와 함께 묻어다오." 아버지의
유언을 거스를 수 없어서 이번에도 그러겠다고 했지. 그리고 위무자가
죽자 위과는 아버지의 유언을 지켜야 했어. 어떤 결정을 내렸을까?

그는 '사람이 병이 위중하면 정신이 혼란해지기 마련이니 아버지께서
맑은 정신일 때 하신 말씀이 옳다.'고 생각하고는 아버지의 처음 유언을
따라 새어머니를 다시 혼인시켜 드렸어.

그 후 이웃의 진(秦)나라가 위과가 사는 진(晉)나라를 쳐들어 와서는 군대를 보씨 지역에 주둔시켰어. 진(晉)나라에서는 위과를 파견해서 보씨를 지키도록 했어.

　"겁쟁이 위과야, 벌벌 떨지 말고 나와 한판 승부를 내어보자!"

　쩌렁쩌렁한 외침이 보씨의 들녘에 울려 퍼졌어. 바로 진(秦)나라의 맹장 두회였어. 그는 천하장사로 소문난 장군이었거든. 위과는 죽을 각오로 나아가 두회와 싸움을 벌이게 되었지. 처음에는 그럭저럭 버티며 두회를 막아냈지만 힘이 장사인 두회를 이겨내기에는 역부족이었어. 결국 힘에 밀려서 위과는 도망치고, 그 뒤를 무서운 기세로 두회가 쫓아오는데……

　갑자기 두회가 '풀썩'하면서 어이없이 넘어지는 게 아니겠니? 위과는 이때가 기회다 하며 두회를 사로잡았단다. 두회는 어떤 노인이 묶어 놓은 풀에 걸려 넘어졌던 거야. 그날 밤 위과의 꿈에 풀을 묶은[결초] 바로 그 노인이 나타나 이렇게 말하는 거야.

　"나는 당신 새어머니의 아비 되는 사람이오. 그대가 아버지의 유언을 옳은 방향으로 따랐기 때문에 내 딸이 목숨을 유지하고 다시 결혼하여 잘 살고 있소. 그것이 너무 고마워 나는 당신의 그 은혜에 보은하고자 한 것이오."

고마운 분에게 쓴 편지

고마우신 구둣방 아저씨께!

제가 오늘 편지를 쓰는 이유는 아저씨께 고맙다는 말을 하고 싶어서 예요.

제가 어렸을 때 신발 밑창이 떨어져서 쩔쩔매고 있을 때, 아저씨가 무료로 고쳐 주셨지요. 그리고, 1학년 때는 우산이 없어 비를 맞고 가는 저에게 우산도 빌려 주셨고요. 또 2학년 때, 어떤 형들이 돈을 뺏으려는데 그 형들을 야단쳐서 저를 구해주시기도 하고요. 정말 감사합니다.

지금은 어려서 은혜를 못 갚지만 제가 어른이 되면 아저씨의 은혜에 꼭 결초보은(結草報恩)할 거예요.

예찬이 올림

비슷한 말

각골난망(刻骨難忘) : (은혜를 입어) 뼈에 깊이 새겨질 만큼 고마워 잊을 수 없다 는 뜻.

난망지은(難忘之恩) : 잊을 수 없는 은혜를 뜻하는 말.

재능과 뛰어남에 대한 고사성어

백미

낭중지추

군계일학 群 鷄 一 鶴
무리 군　닭 계　하나 일　학 학

:˙ 돋보이게 뛰어난 사람

닭의 무리 속에 있는 한 마리의 학이라는 뜻으로, 평범한 사람들 가운데 있는
뛰어난 한 사람을 이르는 말.

이야기 속으로

　　중국의 위진시대에 완적, 완함, 혜강, 산도, 왕융, 유령, 상수 등 일곱
명의 선비가 있었단다. 세상 사람들은 이들을 '죽림칠현[竹林七賢 : 대숲
의 7명의 선비]'이라고 불렀지. 이들은 지금의 하남성 북동부에 있는 죽
림에 모여 정치나 세상사에는 관심을 두지 않고 거문고와 술을 즐기며,
신선처럼 살았단다.

　　그 중의 한명인 위나라 사람 혜강은 진나라의 무제에게 반역의 죄를
뒤집어쓰고 처형을 당했단다. 혜강에게는 아들 혜소가 있었는데, 그때
혜소의 나이가 열 살이었어. 혜소는 홀어머니와 어렵게 살았지.

　　혜소가 성장하자 죽림칠현의 한 사람이면서 진나라의 신하가 된 산
도가 그를 무제에게 추천했단다. 무제는 혜강의 조국 위나라를
멸망시키고 진나라를 세운 사마염이었어. 혜소의 아버지는
조국 위나라를 위해 사마염에게 바른 소리를 하다가 처형
된 거였지. 무제의 입장에서 보면 혜소는 반역자의
아들인 셈이야. 그렇기에 산도는

조심스럽게 말을 이었지.

"폐하, 《서경》에는 아버지의 죄를 아들에게 묻지 않는다고 적혀 있습니다. 혜소가 비록 혜강의 자식이긴 하오나 총명함이 춘추시대 진(晉)나라의 대부 극결에게 결코 뒤지지 않습니다."

산도는 고전을 인용하면서, 춘추시대 진나라의 전통을 이어 다시 진나라를 세운 무제에게 혜소를 추천하고 있는 거야. 비유하자면 고구려의 정신을 이은 고려 왕 왕건에게 고구려의 유명한 장군 연개소문에 버금가는 자라며 소개하는 거지.

"하오니 혜소를 비서랑으로 쓰십시오."

"그대가 추천할 만한 사람이라면 정승이라도 시키겠네."

번쩍 번쩍

이렇게 말하면서 무제는 비서랑보다 한 단계 높은 벼슬인 비서승으로 혜소를 등용했어. 역적의 자식인 혜소가 드디어 진나라의 수도 낙양에 당당하게 벼슬아치로서 들어가게 되었으니 그 모습이 어땠을까 생각해 봐! 어떤 사람이 바로 그 모습을 보고 칠현의 한 사람이자, 혜강과 친했던 왕융에게 가서 소식을 전하면서 이렇게 말했단다.

"많은 혼잡한 군중 속에서 혜소를 처음 보았습니다. 드높은 혈기와 기개는 마치 닭의 무리 속에 있는 한 마리의 학[군계일학]과 같더군요."

이렇게 '군계일학'은 보통 사람들 속에서 단연 눈에 띄는 혜소를 비유한 말이었어. 이 말이 전해져 평범한 사람들 속에 돋보이는 뛰어난 사람을 가리키는 말이 되었단다.

인물 속으로

세계적인 테너 루치아노 파바로티가 중국을 방문했을 때였어. 파바로티는 바쁜 일정을 쪼개 베이징 음악 대학에서 공개 레슨을 실시하고 있었지. 이런 기회는 좀처럼 찾아오기 힘든 기회니 만큼 재력 있는 부모들은 앞다투어 자기 자식을 공개 레슨에 참가시켰어.

마침내 레슨이 시작되자 참가자들이 무대에 나와 노래를 불렀어. 파바로티는 점점 지루해졌어. 재능이 눈에 띄는 학생이 별로 없었기 때문이야. 쉬는 시간. 창밖에서 아름다운 노랫소리가 들려왔어. 파바로티가 주변을 조용히 시키고는 잠잠히 노래에 심취했어. 노래가 끝나자 비로소 말문을 열었어.

"단연, 군계일학입니다. 음색이 아주 뛰어나요. 저 학생은 누구지요?"

그 학생은 '헤이하이타오'인데 공개 레슨에 참가할 돈이 없어서 창밖에서 노래를 부른 거였어. 그는 현재 오스트리아 왕립오페라단의 수석가수로 활동하고 있단다.

예솔 : 오늘 길에서 소녀시대 윤아 봤다.

예강 : 예뻐?

예솔 : 예쁘긴 예쁘더라. 텔레비젼에서 볼 때는 다들 예쁘니까 그렇게 예쁜지 몰랐지. 그런데 일반 사람들 속에 있으니까~ 와! 정말 군계일학이더라.

예강 : 그 정도야? 언니는 소녀시대에서 누가 제일 좋아?

예솔 : 글쎄?

예찬 : 나는 제시카 누나가 젤 예쁘던데 헤헤. 제시카 누나가 군계일학이야.

예솔 : 그럴 때는 '백미'라고 하는 거야. 예쁜 중에 예쁘니까, 군계일학은 평범한 중에 뛰어난 거고. 알겠냐? 찬~~군?

예찬 : 큰 누나는 정말, 잘난척하는 데는 군계일학이야!

예솔 : 뭐야~~!

비슷한 말

백미(白眉) : 흰 눈썹이라는 뜻으로, 여럿 가운데에서 가장 뛰어난 사람이나 훌륭한 물건을 비유적으로 이르는 말.

철중쟁쟁(鐵中錚錚) : 여러 쇠붙이 중 유난히 맑은 소리를 낸다는 뜻으로, 평범한 사람 가운데 그 중 뛰어난 사람을 이름.

백미 | 白 眉
흰 백   눈썹 미

:·'여럿 가운데 가장 뛰어난

흰 눈썹이라는 뜻으로, 여럿 가운데에서 가장 뛰어난 사람이나 훌륭한 물건을
비유적으로 이르는 말.

이야기 속으로

'백미(白眉)'는 흰 백(白), 눈썹 미(眉)로 글자 그대로 하면 흰 눈썹을
말해. '백미'는 형제들 중에서 가장 탁월한 사람이라는 뜻과, 여럿 가운
데서 뛰어난 사람이나 물건을 말한단다. 이 '흰 눈썹'의 주인공은 '마량'
이야. 이 백미란 분이 어떤 사람인지 알아보자.

중국의 형양 땅. 이 마을에 재주가 뛰어난 마씨 오형제가 살았단다.
마을 사람들이 모여서 뭔가 얘기를 하고 있네.

"얘기 들었나? 이번 난리 속에서도 우리 형양 땅이 무사할 수 있었던
것은 바로 마씨 형제가 우리 마을을 구했기 때문이래요."

"그러게. 마속이 아주 큰 공을 세웠다지요."

"마속이 그렇게 큰 공을 세우게 된 것은 그의 형 백미가 세운 계획대
로 움직였기에 가능했지요."

"아니, 왜 마속의 형 이름이 백미요?"

"허허, 이 양반 이곳으로 이사 온 지가 얼마 되지 않아 잘 모르는군.
마씨 집안의 맏아들로 이름은 마량이지요. 그런데 날 때부터 눈썹에 흰

털이 섞여 있어서 그렇게 부른답니다."

"아이구, 날 때부터 특별했구먼."

"그렇지요. 그래서 사람들이 그를 백미라고 부르지요."

"게다가 이번 적벽대전에서 큰 공을 세운 제갈량과 문경지교를 나눈 사이랍니다."

"음~ 훌륭한 사람은 훌륭한 사람을 친구로 두는군."

한편, 촉나라의 유비는 적벽대전에서 크게 이긴 후 모든 장군과 신하를 모아놓고 앞으로의 계책을 물었어. 그때 유비의 생명을 두 번이나 구한 이적이 대답했어.

"먼저 어진 선비를 구해야 할 것입니다."

그 어진 선비가 누구냐고 유비가 묻자, 모든 신하가 대답했지.

"형양 땅 마씨 성을 가진 다섯 형제가 모두들 뛰어난데, 그 중에서 양 눈썹 사이에 흰 털[백미(白眉)]이 난 첫째가 가장 어질고 뛰어납니다."

이렇게 해서 백미 마량이 촉나라의 신하가 되었고, 백미의 활약으로 촉나라는 더욱 힘을 얻게 되었단다.

한 번은 남쪽 변방의 흉포한 오랑캐 무리들이 백성들을 괴롭히자, 마량이 혼자 그곳에 가기를 자청했어. 그리고 말로써 오랑캐를 감복시켜서 부하로 삼았단다.

이처럼 백미 마량이 뛰어난 오형제 중에서도 가장 탁월한 데서 비롯되어, 백미는 뛰어난 부류 중에서도 가장 뛰어난 사람을 가리키는 말이 되었어. 후에는 사람뿐 아니라 가장 뛰어난 작품을 가리킬 때도 이 '백미'라는 말을 쓰게 되었단다.

인물 속으로

클래식 음악의 백미는 오케스트라로 연주하는 교향곡이라고 생각해. 교향곡이 아름답게 연주되기 위해서는 악기 하나하나가 모두 중요하고 화음이 잘 되어야겠지.
오케스트라의 지휘는 교향곡을 해석하고 그에 맞게 곡을 연주하게 하는 리더요, 배로 말하면 선장이라고 할 수 있단다. 한국을 빛낸 음악가 중에서도 군계일학으로 돋보이는 인물 정명훈을 소개할게. 그는 최고의 지휘자로서 한국을 대표하는 음악가야. 현재는 지휘자로 이름을 날리지만, 처음에는 피아노 연주자였어. 네 살 때부터 피아노를 시작한 정명훈은, 3년 만에 서울 시립 교향악단과 협연할 정도로 음악적 재능이 뛰어났지. 세계적으로 유명한 첼리스트 정명화, 바이올리니스트 정경화가 그의 누나야. 음악적 재능이 뛰어난 집안에서도 그는 백미라고 할 수 있지.

엄마 : 그래 수학여행은 재미있었니? 엄마도 중학교 때 경주로 수학여행을 갔었는데.

예강 : 네. 불국사, 석굴암, 분황사 석탑, 첨성대, 그리고…….

엄마 : 그래 뭐가 제일 기억에 남니?

예강 : 헤헤, 이번 수학여행의 백미는 역시 석굴암이지요. 정말 멋있었어요.

엄마 : 참, 홍철이는 좀 젊잖게 있었니?

예강 : 아이고, 말도 마세요. 가는 곳마다 어찌나 큰 소리로 떠드는지 홍철이 때문에 정신이 다 없었어요. 그래서 선생님은 홍철이야말로 이번 수학여행의 압권이라고 하셨어요.

엄마 : 하하, 선생님께서 말씀을 재밌게 하시는구나.

 비슷한 말

군계일학(群鷄一鶴) : 닭의 무리 속에 있는 한 마리의 학이라는 뜻으로, 평범한 무리 중에서 빼어나게 돋보이는 사람을 말함. 백미가 가장 뛰어난 사람뿐 아니라 물건 또는 작품을 가리키는데 비해 군계일학은 대체로 사람을 가리킴.

압권(壓卷) : 여러 책 가운데 제일 잘된 책이라는 뜻으로, 예술 작품이나 공연물 등에서 가장 뛰어난 부분 또는 여럿 중에서 가장 뛰어난 것을 뜻하는 말로 확대되어 사용됨.

낭중지추 囊中之錐

주머니 낭 가운데 중 ~의 지 송곳 추

: 주머니를 뚫고 드러남

주머니 속의 송곳이라는 뜻으로, 재능이 뛰어난 사람은 숨어 있어도 남의 눈에 드러남을 비유하는 말.

이야기 속으로

뛰어난 것은 감추기가 어렵고, 눈에 띄게 마련이지. 눈으로 볼 수 있는 외모 뿐 아니라, 재주나 재능도 마찬가지야. 이를 '주머니 속의 송곳'으로 비유한단다. 송곳 끝은 결국 주머니 밖으로 뚫고 나오기 때문이지.

중국 전국시대 끝 부렵, 막강한 진(秦)나라의 공격을 받은 조나라 혜문왕은 초나라에 구원군을 청하기로 했어. 이 중요한 일을 자신의 동생이자 재상인 평원군에게 맡겼지.

평원군은 영웅이 모래알만큼 흔하던 당시에도 '4대 군자'로 불릴 만큼 문과 무와 덕을 갖추고 있었단다. 그래서 그의 집에는 전국에서 몰려든 식객들이 수천 명이나 있었다고 해. 그는 자신에게 몸을 부탁해오는 식객들을 후히 대접했지.

중요한 임무를 받은 평원군은 문무의 덕을 겸비한 20명의 수행원이 필요했어. 그래서 3천여 명의 식객 중에서 뽑기로 했는데, 19명은 쉽게 뽑았으나 나머지 한 사람을 찾지 못해 고심하고 있었어.

이때, 모수라는 식객이 스스로 자기를 추천하며 나섰어.[모수자천(毛

遂自薦)이라 함]

"나리, 저를 데려가 주십시오."

평원군은 모수를 처음 보는데다가, 그의 허술한 외모를 보니 어이가
없었어.

"그대는 내 집에 온 지 얼마나 되었소?"

"이제 3년이 됩니다."

"재능이 뛰어난 사람은 숨어 있어도 마치 '주머니 속의 송곳[낭중지추]'
처럼 끝이 밖으로 드러나기 마련이오. 그런데 내 집에 온 지 3년이나 되
었다는 그대는 이제까지 단 한 번도 내 눈에 띄지도 않았고 이름이 드러
난 적이 없지 않은가?"

이렇게 낭중지추라는 말은 평원군이 식객 모수에게 한 말
에서 비롯되었단다. 즉, 평원군의 말의 요점은 3년이나
있었어도 모수의 재능이 송곳 끝처럼 드러

나리,
저를 데려가
주십시오.

나지 않았으니 너는 재주가 없다는 뜻 아니냐며, 수행원으로 뽑을 수 없다는 것이었지. 이쯤 되면 얼굴이 붉어져 물러날 터인데, 모수 역시 멋진 말로 받아쳤어.

"그건 나리께서 주머니 속에 넣어주시지 않았기 때문이죠. 하지만 이번에 저를 주머니 속에 넣어 주시기만 한다면 송곳의 끝뿐이겠습니까? 송곳 자루까지 드러내 보이겠습니다."

이 재치 있는 답변에 만족한 평원군은 모수를 마지막 수행원으로 뽑았어. 초나라에 도착한 평원군은 협상이 쉽지 않았어. 그때 모수가 뛰어난 언변으로 초왕을 설득했지. 덕분에 초나라와는 혈맹을 맺으면서, 구원군도 쉽게 얻을 수 있었다고 해. 모수의 재능이 그의 말대로 주머니를 뚫고 자루까지 드러난 거였지.

인물 속으로

조선시대에는 여자에게는 글을 가르치지도 않고 이름도 지어주지 않았단다. 그런데, '낭중지추'의 송곳처럼 감출 수 없는 뛰어난 재주가 단단한 주머니를 뚫고 나와 이름을 알린 여인이 있었으니, 바로 허난설헌(1563~1589)이야. 그녀는 시인이고, 작가고, 화가였어. 《홍길동전》을 지은 허균의 누나인데, 누이의 재주를 아낀 허균이 27세의 젊은 나이로 죽은 누이의 작품을 명나라에서 펴낸단다. 그래서 세상에 알려지게 된 시집 《난설헌집》은 명나라와 일본에서도 사랑을 받았어. 우리나라에선 냉대받았지만 이미 당대의 여류 시인으로서 명성을 떨쳤어.
그녀의 '낭중지추'의 재능은 어릴 때부터 드러났어. 8살의 어린 나이에 훌륭한 문장을 지어 신동소리를 들었단다.

회장 : 이번 합창 대회에서 부를 곡은 '오, 해피데이'로 결정했습니다. 그럼 이제 반주자를 정하겠습니다. 추천해 주세요.

재석 : 준하를 추천합니다.

형돈 : 준하가 피아노 치는 거 한 번도 못 봤는데.

　　(이때, 명수가 손을 든다)

명수 : 저를 추천합니다. 저는 4학년 때에도 '오, 해피데이'를 반주했었는데…….

하하 : 모수자천이라더니 명수자천이냐! 명수 때문에 우리 반 꼴찌 했는데.

회장 : 하하는 조용히 해 주십시오. 손들고 얘기하던가요.

재석 : 제가 준하를 추천하는 이유를 말하겠습니다. 얼마 전부터 우리 집에 피아노 소리가 들려왔는데, 그 소리를 들은 피아노 선생님이 누구냐며 대단한 피아니스트가 될 거라고 그랬습니다. 그 연주의 주인공이 옆집으로 이사 온 준하였습니다.

선생님 : '낭중지추'라 하더니 실력은 감추려고 해도 결국 드러나는구나. 그래도 공정하게 명수와 준하의 피아노 연주를 들어보고 결정하는 게 어떻겠니?

아이들 : 예! 좋아요.

비슷한 말

모수자천(毛遂自薦) : 모수가 스스로를 천거하였다는 데서 유래된 말로, 자기가 자기를 추천함을 이르는 말.

문일지십 | 聞 一 知 十

들을 문 하나 일 알 지 열 십

:∵하나를 배우면 열을 아는

하나를 듣고 열 가지를 안다는 뜻으로, 일부분을 듣고 다른 만사를 이해한다는 말. 머리가 매우 좋음을 이름.

이야기 속으로

  공부를 하면서 한 번쯤은 책을 한 번만 읽어도 그냥 외워지는 상상을 한 적이 있지 않니? 또는 선생님이 한 번 설명하면 열을 이해하는 '문일지십'의 좋은 머리를 가졌으면 하고 바라지.

  문일지십은 《논어》에 나오는 말이란다. 공자의 제자는 삼천 명이나 되었고, 후세에 이름을 남긴 제자가 72명이나 된단다. 그 중에서도 뛰어난 제자를 꼽으라면 자공과 안회가 있었어. 자공과 안회는 둘 다 훌륭한 제자였지만 모든 면에서 참 달랐지.

  자공은 말솜씨가 좋고 수완이 남달라 장사를 하면 이익을 많이 남겨 재산을 많이 모았단다. 그래서 공자가 중국 천하를 돌아다니며 학문을 할 때 경비의 대부분을 대었다고 해. 학문의 재주에다 재치까지 뛰어났던 거지.

  반면에 안회는 과묵한 성격으로 스승의 뒤를 묵묵히 따랐단다. 집안이 가난하여 끼니를 잇기조차 어려웠대. 그래서 영양부족으로 20대에 머리가 하얗게 세고 결국 일찍 죽었지. 하지만 공자의 가르침을 실천하여 '덕행'으로 이름이 높았어. 공자에게 어질었다고 '인(仁)'을 허락받은 유일한 제자이기도 해.

자, 이제 문일지십이 나오는 《논어》의 대목을 들여다 보자.

하루는 공자가 자공에게 묻기를, "너와 안회와 비교해 누가 낫다고 생각하느냐?"

자공이 바로 대답했어.

"제가 어떻게 안회와 같기를 바라겠습니까. 안회는 하나를 들으면 열을 알고[문일지십(聞一知十)], 다만 저는 한 가지를 배워 두 가지를 터득할 뿐입니다."

공자는 자공의 대답에 만족했어. 자신을 잘 알고 겸손하게 대답하는 자공과 실제로 문일지십의 안회를 제자로 둔 것에 기뻐했지.

129

"네 말이 맞다. 안회와 같을 수는 없지. 허허."

문일지십은 자공이 안회를 평한 말이야. 이는 요즘처럼 공부를 잘하는 똑똑함을 말하기 보다는 배운 바를 생활에 적용하여 실천하는 태도를 말하는 것인데, 지금은 글자 뜻 자체로 '머리가 총명함'을 나타낸단다.

재능을 나타내는 고사성어 하나 더!

요즘은 공부 잘하기를 바라는 만큼 글을 잘 쓰기도 바라는데 '일자천금'은 바로 글과 관련된 고사성어야.

'일자천금(一字千金)'은 글자 그대로 한 글자에 천금의 가치가 있다는 뜻으로, '아주 빼어난 글자나 시문'을 비유하여 이르는 말이란다.

중국 전국시대에 일개 상인 출신으로 당시 최강국인 진(秦)나라의 재상이 된 여불위가 바로 일자천금이란 말을 했어. 여불위는 순자기 엄청난 분량의 저서를 내었다는 소식을 듣고는 그렇다면 자신은 순자보다 열 배는 더 많은 분량의 책을 내겠다고 결심했지.

여불위는 자신의 집에 묵고 있는 식객들을 동원해서 정치, 경제, 사상, 문화, 역사 등을 모두 갖춘 백과사전 같은 책을 완성해. 그리고는 마치 자기가 쓴 책처럼 《여씨춘추(呂氏春秋)》라고 이름 지었단다. 그는 이 책에 대한 자부심이 얼마나 강했던지 이렇게 큰 소리를 쳤다고 해.

"누구든지 한 글자라도 더하거나 뺀다면 천금을 주겠다!"

일자천금은 바로 여기에서 유래된 말이야. 여불위는 자기 자랑 겸 유능한 인재를 모을 목적으로 무척이나 오만한 말을 했지만, 지금은 글자 뜻처럼 한 글자에 천금이니, '심금을 울리는 아주 빼어난 글'이란 말로 사용된단다.

엄마 : 사각형의 넓이는 가로 곱하기 세로야. 그러니까 삼각형의 넓이는…….

예찬 : 아, 알겠다! 삼각형 모양은 사각형을 대각선으로 접은 모양처럼 생겼으니까, 그 반이겠네요. 나누기 2를 하면 되지 않나요?

엄마 : 와, 예찬이 똑똑한데. 문일지십이라고, 하나를 가르쳐 주니 열을 깨우치는구나.

예강 : 학교 다녀왔습니다.

예찬 : 헤헤, 지금 엄마한테 칭찬받았다. 나 보고 '문일지십'이래.

예강 : 그래. 축하해. 저도 엄마한테 보여드릴게 있어요. 오늘 국어시간에 지은 시예요.

엄마 : 음, 아주 잘 썼는데.

예강 : 선생님이 제 시를 보고 '일자천금'이라고 하셨어요.

엄마 : 이거 문일지십 아들에 일자천금 딸을 둔 엄마가 오늘 저녁은 맛있는 거 한 턱 내야겠네.

반대말

목불식정(目不識丁) : 눈으로 고무래를 보며 '정(丁)'자를 알지 못한다는 뜻. 문일지십은 하나를 들면 열을 아는데 반해 목불식정은 낫 놓고 'ㄱ'자도 모르는 아둔함을 가리키는 말.

난형난제 | 難 兄 難 弟
어려울 난 맏이 형 어려울 난 동생 제

:˙ 누가 더 나은지 가리기 힘들어

누구를 형이라 하고 누구를 동생이라 하기 어렵다는 뜻으로, 두 사물이 비슷하여 낮고 못함을 정하기 어려움을 이르는 말.

이야기 속으로

　진식이라는 사람에게는 두 아들이 있었어. 형 진기와 동생 진심이 그들인데 아버지와 더불어 '세명의 군자'로 불릴 만큼 덕망이 높았단다.

　진기와 진심이 어릴 때였어. 어느 날 아버지 진식은 친구와 자기 집에서 만나 함께 어디에 가기로 약속을 했단다. 약속 시간은 한낮으로 정했지. 그런데 한참이 지나도 친구가 나타나지 않자 진식은 먼저 떠났어.

　뒤늦게 찾아온 친구는 문밖에서 놀고 있는 진기에게 아버지가 집에 있느냐고 물었어.

　"아버님은 손님 오시기를 기다리다가 오시지 않아 먼저 떠나셨어요."

　하고 진기가 대답했어. 친구는 자기가 늦은 것은 생각지도 않고, 버럭 화를 냈지. 진기가 어리니까 개의치 않고 큰소리로 말을 한 것이지.

　"흥, 돼먹지 않은 사람 같으니! 약속을 해두고 혼자서 먼저 가버리다니. 신의가 없어도 이럴 수가 있느냐 말이야. 세상에 이런 법이 어디 있담."하고 욕을 하며, 수레를 타고 떠나려 했지. 그때 어린 진기의 목소리가 들려왔어.

"손님께선 아버지와 정오에 만나시기로 약속하지 않으셨나요? 그런데 약속 시간이 한참 지나도록 오시지 않은 것은 손님께서 신의를 저버린 것이 아닐까요? 그리고 자식을 앞에 두고 그 아버지 욕을 한다는 것은 예의에 벗어난 일이 아닌지요?"

어리지만 이치에 맞는 소리를 하는 진기의 말에 친구는 부끄러웠어. 그래서 자신의 잘못을 뉘우치고 진기에게 사과를 하고 돌아갔단다. 정말, 총명한 진기였지? 동생 진심이 였어도 마찬가지였을 거야.

진기와 진심은 열심히 학문을 쌓아 어른이 된 후 결혼을 하여 각기 아들을 낳았단다. 진기의 아들은 진군, 진심의 아들은 진충이었지. 이 진군과 진충이 서로 어울려 놀면서 각기 자기 아버지의 공적과 덕행을 자랑했어.

"우리 아버지가 형이기도 하고, 더 훌륭해!"

진기의 아들 진군이 말했어. 이에 동생 진심의 아들 진충이 이에 질세라 대답했어.

"진군 형님, 먼저 태어난 형이라고 실력도 형이 아닙니다. 우리 아버지는 동생이지만 덕이 뛰어나십니다. 몇 년 후에 큰아버님 나이가 되셨을 때는 더 높은 벼슬에 오를걸요."

이렇게 아버지 자랑에 양보를 안 하며 결론이 나지 않자 할아버지인 진식에게 판정을 내려 달라고 두 사촌 형제가 할아버지 앞에 섰어.

"할아버지, 누가 훌륭한지 공정하게 판결을 내려주세요."

진식은 두 손자의 진지한 표정을 바라보며 대답했단다.

"진기가 형 되기가 어렵고, 진심도 동생 되기가 어렵구나.[난형난제]"

이 말은 결국 형도 그런 훌륭한 동생의 형 노릇 하기가 어렵고, 동생도 그런 훌륭한 형의 동생 노릇 하기가 어려운 형편이니, 누가 훌륭하고 누가 못하다는 것을 가릴 수가 없다는 뜻이란다.

인물 속으로

이탈리아 르네상스 시대에 난형난제의 천재인 미술의 거장들이 있었으니 바로 레오나르도 다 빈치와 미켈란젤로야. 20년 정도 나이가 많은 레오나르도 다 빈치(1452~1519)의 작품은 신비한 미소로 유명한 〈모나리자〉, 〈최후의 만찬〉이 있지. 그는 화가로서 뿐 아니라 조각가, 발명가, 건축가, 기술자, 해부학자, 식물학자, 도시 계획가, 천문학자, 지리학자, 음악가였어.
미켈란젤로(1475~1564)의 작품은 〈천지 창조〉로 잘 알려진 시스티나 성당의 천장 벽화, 피렌체 성당의 〈피에타〉상 외에도 수없이 많단다.
르네상스 시대를 대표할 수 있는 천재를 둘 중에서 한명만 꼽으라고 한다면 이렇게 대답할 수밖에 없단다. "난형난제입니다."

예찬: 누나, 오늘 원빈 형하고 현빈 형이 달리기 시합을 했다며? 누가 이겼어.

예강: 현빈이 이겼어.

엄마: 그랬구나. 지난번에는 원빈이 이겼었다며? 걔네 쌍둥이 형제들이야말로 난형난제로구나.

예강: 네, 가뜩이나 똑같이 생겨서 헷갈리는데 공부면 공부, 체육이면 체육, 미술까지 학교의 상을 모두 휩쓸고 있어요. 이번에도 학교 달리기 대표 선수를 뽑아야 하는데 둘 중에서 누구를 뽑아야 할지 선생님들도 고민이래요.

엄마: 그것 참, 행복한 고민이구나.

예찬: 그럼 누나, 홍철이 형하고 하하 형 중에서는 누가 더 개구쟁이야?

예강: 그건 더 어려운 문제인데. 떠들기는 홍철이가 더 심하고, 장난은 하하가 더 심하니. 그러니까……. 에이, 오십보백보, 막상막하라고 하자.

비슷한 말

막상막하(莫上莫下) : 더 낫고 더 못함의 차이가 거의 없다는 말.

백중지세(伯仲之勢) : 서로 우열을 가리기 힘들다는 말.

호각지세(互角之勢) : 서로 조금도 낫고 못함이 없다는 말.

오십보백보(五十步百步) : 조금의 차이는 있으나 크게 보아서는 본질상의 차이가 없다는 말.

목불식정
숙맥불변

미봉책
고식지계

양두구육

미생지신

방약무인

경계해야 할 것들에 대한 고사성어

각주구검
수주대토

징중지와

끼룩

끼룩

개골
개골

각주구검 | 수주대토

刻 舟 求 劍 | 守 株 待 兎

새길 각 배 주 구할 구 칼 검 | 지킬 수 그루터기 주 기다릴 대 토끼 토

∵ 어리석고 미련함

시대의 변천도 모르고 낡은 생각만 고집하여 이를 고치지 않는 어리석고 미련함을 비유하는 말.

이야기 속으로

각주구검(刻舟求劍)은 '배[주(舟)]에 새겨[각(刻)] 칼[검(劍)]을 구한다[구(求)]'는 말로, 변화를 알지 못하는 어리석음을 비유하는 고사성어로 유명하단다. 이 이야기는 역사적인 사실이 아니라 '시대의 변화에 올바로 대처하지 못하는 고지식하고 어리석은 사람'을 비판하기 위해 꾸며 만든 이야기야.

중국 전국시대 초나라의 한 젊은이가 양자강(아시아에서 가장 긴 강)을 건너기 위해 배에 올랐어. 배가 강 중간쯤에 다다랐을 때, 젊은이가 실수로 손에 들고 있던 장검을 놓쳐 그만 강물에 빠뜨리고 말았어! 하지만 젊은이는 곧 작은 칼을 꺼내 뱃전에 표시를 했어. 그리고는 이렇게 말했지.

"이곳이 칼을 떨어뜨린 곳이다."

배가 건너편 나루터에 도착하자 그 젊은이는 옷을 벗어 던지고 표시를 한 그 뱃전 밑의 강물 속으로 뛰어들었어. 칼을 찾을 수 있었을까? 젊은이는 사람들의 비웃음거리가 되었을 뿐이지.

수주대토(守株待兔)는 '그루터기[주(株)]를 지켜[수(守)] 토끼[토(兔)]를 기다린다[대(待)]'는 말이야. 역시 각주구검의 젊은이처럼 '고지식하고 융통성이 없어 옛 습관과 전통만 고집하는 사람'을 비판하기 위해 만든 이야기에서 유래되었단다. 그래서 속뜻도 융통성 있게 대처할 줄 모르고 어리석게 한 가지만 고집하는 경우나 그런 사람을 의미한단다.

어느 날 송나라의 한 농부가 밭을 갈고 있었어. 그때, 저쪽 산에서 토끼가 한 마리 내달리다가 농부의 밭 가운데 있는 그루터기에 부딪쳐 목이 부러져 죽는 거야.

덕분에 토끼 한 마리를 공짜로 얻은 농부는 농사일보다 토끼를 잡으면 더 수지가 맞겠다고 생각하고는 농사일은 그만두었어. 그리고는 매일 밭두둑에 앉아 그루터기를 지키며 토끼가 오기만 기다렸어.[수주대토(守株待兔)]

그러나 토끼는 그곳에 두 번 다시 나타나지 않았고, 농부는 사람들의 웃음거리가 되었어. 밭은 잡초만 무성하게 자라 농사를 망친 것은 물론이고.

이 이야기를 지은 한비자는 당시 시대의 변화를 무시하고 옛것만 지키려는 사람들을 비판하기 위해 이 이야기를 만들어 내었어.

하지만 오늘날 각주구검과 수주대토라는 말은 일반적으로 '어리석은 자'를 가리킨단다.

역사 속으로

갑신정변 또는 갑신혁명은 1884년[갑신년] 12월 4일에 김옥균 · 박영효 · 서재필 · 서광범 · 홍영식 등 개화당이 청나라에 의존하려는 명성왕후와 그 친족 중심의 수구당을 몰아내고 서양 문물을 받아들이자고 주장하며 개화정권을 세우기 위해 일으킨 무력 정변이야. 이들의 혁명은 3일 만에 실패로 끝났단다.

이들은 서양 문물을 야만적이라 생각하여 문호를 열지 않고, 변화를 거부하는 쇄국정책과 옛것만을 고집하는 수구세력을 '각주구검', '수주대토'와 같다고 생각했단다.

예강 : 예찬아, 너 희선이 얘기 들었어?

예찬 : 희선이 누나 학원도 빠지면서 매일 한강 간다는 얘기?

예강 : 이유가 뭔 줄 알아? 누가 한강에 놀러 갔다가 연예인한테 사인 받았다는 소리를 듣고는 자기도 유명한 연예인한테 사인 받을 거라며 매일 한강에 가는 거래. 스케줄 알아보고 가는 것도 아니고 무조건 간대. 크크.

예찬 : 희선이 누나 바보 아니야? 완전 감나무 밑에서 감 떨어지기를 바라는 식이네.

예강 : 에이, 그건 아니지. '수주대토'겠지. 그루터기에서 토끼 기다리는 거.

예찬 : 뭐, 둘 다 기다리는 건 맞잖아! 토끼나 감이나.

엄마 : 예찬아, 그건 누나 말이 맞아. 감은 익으면 저절로 떨어지기 때문에 네가 말한 속담은 수고나 노력은 하지 않고 좋은 것만 바란다는 뜻이야. 언제 올지 모르는 토끼를 기다리는 '수주대토'는 어리석음을 말하는 것이고.

비슷한 말

교주고슬(膠柱鼓瑟) : 비파나 거문고의 기둥을 아교풀로 붙여놓고 연주한다는 뜻으로, 거문고의 기둥을 풀로 붙여 놓으면 음조를 바꾸지 못하여 한 가지 소리밖에 내지 못하듯이, 규칙에 얽매여 융통성을 발휘하지 못하는 고지식한 사람을 비유하는 말.

정중지와 井中之蛙
우물 정　가운데 중　~의 지　개구리 와

:˙ 식견의 좁음

우물 안의 개구리라는 뜻으로, 자신이 알고 있는 편견에 갇혀 식견이 좁음을
이르는 말.

이야기 속으로

　　중국 황하강에 강의 신 하백이 살았단다. 어느 날 하백은 황하 끝에는
무엇이 있을까 궁금해 강을 따라 바다까지 가게 되었어. 처음으로 바다
를 본 하백은 입이 딱 벌어지고 말았어. 그때 북해에 사는 바다의 신, 약
을 만났지. 하백은 약에게 탄식하며 말했어.

　　"나는 내가 사는 황하가 세상의 전부인 줄 알고 살았소. 이렇게 넓은
세상이 있다니요!"

　　그러자 북해의 신 약이 이렇게 말했다고 해.

　　"우물 안에 살고 있는 개구리[정중지와(井中之蛙)]에게 바다를 이야기
해도 알지 못하는 것은 그들이 좁은 장소에서 살고 있기 때문이며,
여름 벌레에게 얼음을 말해도 알지 못하는 것은 그들이 여름만을
굳게 믿고 있기 때문이오. 식견이 좁은 사람에게 진리[도(道)]
를 말해도 알지 못합니다. 그 이유는 식견이 좁은 자들은
자신이 알고 있는 우물에 갇혀 있기 때문
입니다.

그러나 당신은 지금 좁은 개울에서 나와 큰 바다를 바라보고 자기의 작음을 알았으니 이제 당신과 더불어 큰 진리에 대하여 말할 수 있을 것이오."

이 이야기는 동양의 고전 《장자》에 실려 있단다. 여기서 정중지와는 '우물 안 개구리'로 식견, 견문이 좁은 사람을 말해. 옛사람들은 이런 사람을 '소인'이라고 했지. 예전 사람들은 진리를 공부하는 군자는 타고 난다고 생각했어. 그런데 장자는 자신의 식견이 좁음을 깨닫고, 식견을 넓히면 '도'를 공부할 수 있다는 말을 하고 있어. 즉, 노력하면 군자가 될 수 있다고 말하는 거야. 우리가 열심히 공부하고, 여행을 하는 이유의 하나가 바로 이 '정중지와'에서 벗어나기 위함이란다.

중국의 한나라는 전한(前漢)과 후한(後漢) 시기로 구분된단다. 전한과 후한 사이에 전한을 멸하고 세운 신나라가 있었어. 이 신나라는 15년 후에 후한의 광무제에게 멸망당하고 중국은 후한 시대로 접어든단다. 바로 이 신나라 말엽의 이야기야.

이 시기에는 중국의 각 지방에서 힘이 있는 사람들은 '황제'가 되려고 야망을 품었지. 그리고 그들을 바라보며 '누가 황제감인가' 하며 각 세력을 살피는 사람들도 있었단다. 그런 사람 중에 외효가 있었어.

그 무렵 공손술은 촉 지역에서 성을 세우고 자기가 '황제입네'하며 힘을 키우고 있었단다. 외효는 인재 마원을 불러 공손술의 인간됨을 알아 오라고 했어. 마원은 외효의 부하 중에 군계일학이요, 백미였거든. 마침 공손술의 고향친구이기도 하니 마원만한 적임자가 없었지.

마원 역시 죽마고우였던 공손술이 보고 싶었지. 공손술이 반가이 맞아 주리라 마음속으로 기대하며 한걸음에 달려갔어. 그러나 공손술은 계단아래에 무장한 군사들을 쫘악 세워놓고 거만하게 마원을 맞았어. 그리고 거드름을 피우며 말했단다.

"자네가 어쩐 일인가? 혹 나에게 의탁하려고 왔나?"

"죽마고우와 회포를 풀고자 하지 다른 마음은 없다네."

"하하하, 옛 우정을 생각해서 자네를 장군으로 임명하려 하는데, 좋지 않나?"

'아직 천하의 우열이 결정되지 않았는데 감히 황제라 스스로 말하질 않나, 예를 다하여 천하의 인재를 맞으려 하지 않고 허세만 부리고 있구나. 이런 자가 어찌 황제감이겠는가!'

마원은 이렇게 속으로 생각하며 서둘러 돌아와서 외효에게 말했어.

"공손술은 좁은 촉 땅에서 으스대는 재주밖에 없는 우물 안 개구리[정중지와]였습니다."

그래서 외효는 공손술과 손잡을 생각을 버리고 훗날 후한의 시조가 된 광무제와 손을 잡기로 했단다.

예강 : 나이아가라 폭포는 아름답기로 유명하단다.

준수 : 흥, 미국도 못 가봤으면서 어떻게 아냐? 우물 안 개구리 주제에.

예강 : '정중지와' 즉, 우물 안 개구리는 우물이 세상의 전부라고 생각하는 편견에 갇힌 사람을 말하는 거야. 미국 안 가봤다고 나이아가라 폭포를 모른다고 생각하는 네가 바로 '정중지와'야!

준수 : 잘난 체 하기는~ (귀를 막으며) 몰라, 몰라, 몰라. 메롱!

비슷한 말

좌정관천(坐井觀天) : 우물 안에 앉아서 하늘을 본다는 말로 뜻은 정중지와, 정저지와와 같음.

정저지와(井底之蛙) : 우물 안 개구리 '정중지와'와 같은 말.

촉견폐일(蜀犬吠日) : 촉의 개는 해를 보고 짖는다는 말로, 식견이 좁은 자가 현명한 사람의 행동이나 말을 이해하지 못하고 헐뜯고 비방하는 것을 비유하는 말. 중국의 촉 땅은 지금의 사천 지역인데, 산이 높고 안개가 항상 짙어 해가 보이는 날이 드물기 때문에 개들이 해를 보면 이상히 여겨 짖었다는 데서 유래함.

미봉책 | 고식지계
彌 縫 策 | 姑 息 之 計
꿰맬 미　꿰맬 봉　꾀 책　｜　시어미 고　아이 식　~의 지　셈할 계

::임시방편

문제의 근본을 해결하지 않고 처한 위기나 잘못된 것을 임시적으로 해결하는 방법을 뜻하는 말.

이야기 속으로

　　미봉책은 '실로 꿰매는 방책'이란 뜻으로, 빈 곳이나 잘못된 것을 임시 변통으로 보완하는 것을 이르는 말이야. 이 미봉책은 병법에서 전술의 한 방법이었단다. 이는 '전차부대를 앞세우고 보병이 뒤따르되 보병이 전차부대의 틈을 연결시키는[미봉(彌縫) : 꿰매어 연결하다] 방법[책(策) : 꾀, 방법]을 말해. 이 전법은 춘추시대 정나라의 모사 원이라는 사람이 생각해냈단다.

　　당시 주나라의 환왕이 이끄는 연합부대가 정나라에 쳐들어 왔어. 정나라는 연합군의 대군과 맞서 싸워야 하는 처지가 되고, 정나라의 왕 장공이 걱정을 하자, 전략가인 원이 대책을 말했어.

　　"연합군의 왼쪽을 맡은 진나라는 어지러운 국내 정세로 인해 지금 싸울 의욕이 없습니다. 그러므로 진나라 군사부터 먼저 공격하면 반드시 물러날 것입니다. 그렇게 되면 환왕이 이끄는 중앙에 큰 혼란이 올 것이며, 나머지 군대도 지탱하지 못하고 물러설 것입니다. 그때 환왕의 중앙 군대를 공격하면 승리는 우리 것이 될 것입니다."

　장공은 원의 진언을 받아들여 전차부대를 앞세우고 보병이 전차부대
의 틈을 연결시키는 '미봉책'으로 주나라 연합군을 물리쳤단다.

　이와 같이 미봉책은 본래 비게 되는 부분을 메워서 조금의 빈틈도 허
락하지 않는 전투 방법이었어. 그런데 오늘날에는 뜻이 변해서 일을 근
본적으로 해결하지 않고 순간의 결함만을 때우는 임시방편의 뜻으로 사
용되고 있단다.

　'고식지계(姑息之計)'의 '고식'은 아녀자[여인을 낮추는 말]와 어린이를
가리키는 말이야. 즉, 고식지계는 여자와 어린아이가 꾸미는 계책이란
거지. 옛사람들은 여자와 어린아이를 어리석고, 자신의 이익만 추구한
다고 여겼지. 그러니, 이들이 생각해낸 꾀는 올바른 방법, 정도가 아니

라 당장 편하기 위해 일시적으로 취하는 꾀나 방법이라는 뜻이란다.

이 말은 증자가 죽어가면서 한 말에서 유래되었어. 증자는 공자님의 제자야. 그날 밤, 증자의 방에는 병이 깊어 언제 죽을지 모르는 증자와 그를 지키는 아들과 제자, 그리고 등을 밝히는 동자가 있었단다. 철없는 동자의 눈에 증자의 침상이 참 근사해 보였거든. 그래서 대자리가 참 명품이라고 했어. 그 말을 들은 증자는 누워 있는 대자리가 자신의 처지에 맞지 않는 것을 깨달았지.

"아들아, 나의 자리를 바꾸어다오."

"아버님, 지금 병세가 위급한데 내일 바꾸도록 하겠습니다."

"아들아, 너는 나를 잘 모르는구나. 군자가 사람을 사랑한다고 하는 것은 공정하고 포용력 있는 마음으로 사랑을 하는 것이고, 소인이 사람을 사랑한다고 할 때는 '고식'의 방법[고식지계]으로 사랑하는 것이니라. 내가 군자를 바라겠느냐, 소인을 바라겠느냐? 나는 바른 것을 얻고 죽겠다."

그 말에 할 수 없이 모두 증자를 부축하여 다른 자리로 바꾸어 깔았는데, 증자는 다시 그 자리에 눕기도 전에 숨을 거두었다고 해. 증자는 고식지계를 따르지 않고, 바름과 원칙을 지켜 군자가 되고자 했지. 증자가 고식지계를 따랐다면 아마도, 조금 더 오래 살 수 있었을지는 모르나, '바름'과 '도'를 추구하는 군자가 되지는 못했을 거야.

이처럼 고식지계는 미봉책과 같이 임시방편을 말해. 차이점이 있다면 '미봉책'이 결함을 당장 해결하기 위한 임시방편이라면, '고식지계'는 편안함이나 편의를 위해 근본적인 해결에는 눈감는 얕은꾀를 말한단다.

회장 : 우리 반이 너무 떠든다는 지적이 많습니다. 그래서 오늘 학급회의에서는 면학 분위기 조성을 위한 방법을 토의하겠습니다. 의견이 있는 분은 손을 들어 주세요.

하하 : (번쩍) 네, 하루에 세 번 이상 떠들다 걸리면 그 사람은 점심 급식을 못하게 하는 겁니다.

준하 : 반대합니다. 그것은 너무 잔인합니다. 오히려 떠드는 사람에게 사탕을 물고 있게 해서 말을 못하게 하는 것이 더 좋다고 생각합니다.

형돈 : 준하 의견에 동의합니다.

명수 : 하하의 의견이나 준하의 의견 모두 근본적인 해결이 아닌 미봉책입니다. 근본적이 대책이 필요합니다. 고식지계 말고요.

회장 : 네, 바로 그 대책을 말해 주세요.

　　　(이때 재석이 손을 든다)

재석 : 아이들이 떠드는 이유는 할 일이 없기 때문입니다. 지금 학급 문고를 보면, 재미없고 너무 오래되어 낡은 책뿐입니다. 따라서 재미있고 유익한 책을 갖추어 놓으면 아이들이 책 보느라 조용해지고 더불어 면학분위기도 조성될 것이라고 생각합니다.

학생들 : 동의합니다. 재청합니다!

비슷한 말

동족방뇨(凍足放尿) : 언 발에 오줌 누기라는 뜻으로, 잠시 동안만 효력이 있을 뿐 효력이 바로 사라짐을 비유적으로 이르는 말.

눈 가리고 아웅 : 결코 넘어가지 않을 얕은수로 남을 속이려 한다는 말.

목불식정 | 숙맥불변

目 不 識 丁 | 菽 麥 不 辨

눈 목　아닐 불　알 식　고무래 정　｜　콩 숙　보리 맥　아닐 불　분별할 변

: 아둔하고 무식함

목불식정은 눈으로 고무래를 보고도 정(丁)자인 줄 모른다는 뜻으로, 배움이 없어 무식한 것을 말함. 숙맥불변은 콩인지 보리인지를 구별하지 못한다는 뜻으로, 사리 분별을 못하고 세상 물정에 어두움을 이르는 말.

이야기 속으로

　　목불식정의 '정(丁)'은 고무래를 말하는 것으로 논밭의 흙을 고르거나 곡식 등을 긁어모아 펴고 너는 데 사용하는 농기구야. 생김새가 한자 '丁(정)'을 닮았어. 그래서 '목불식정'은 고무래를 보고도 丁(정)을 알지 못한다는 뜻이니, 우리 속담 '낫 놓고 ㄱ자도 모른다'와 정말 비슷하지?

　　목불식정에 얽힌 이야기는 이렇단다.

　　중국 당나라 때, 장홍정이란 사람이 있었어. 그는 못나고 무식하며 행동 또한 거만하고 무례했단다. 그러나 아버지가 조정에 끼친 공적이 많아 그 덕분으로 벼슬에 오르게 되었어.

　　그가 한 마을의 절도사로 부임하게 되었는데 부하들과 어려운 병영생활을 하려고는 않고, 가마를 타고 즐기며 군사들을 괴롭히고 교만하기 이를 데 없었어.

　　"우리 절도사님 너무 한 거 아니야?"

　　"그러게 말이야. 군인이 무예는 안 익히고, 매번 놀러만 다니니 말이야."

이렇게 사방에서 그에 대한 불만이 터져 나오자 그는 오히려 군사들을 모아 놓고 이렇게 꾸짖었어.

"세상이 전쟁이 없고 무사하여 천하가 평화로운데 포를 쏘고 활을 당기는 일은 'T'자 하나를 아는 것만도 못한 일이다."

정말 웃지 못할 일이지. 자신의 본분은 다하지 않고, 'ㄱ'자나 공부하라고 충고하니, 똥 묻은 개가 겨 묻은 개를 나무라는 격이지 않겠니.

이처럼 목불식정이 배움이 없어 무식한 경우를 말한다면, 숙맥불변은 어리석고 아둔한 사람을 말해. '숙맥(菽麥)'은 콩과 보리를 말하는데 어린아이라도 콩과 보리는 확연히 구별할 수 있는데 이를 구별하지 못하는 [불변(不辨)] 정도이니 보통 어리석고 아둔한 사람이 아닌 거지.

그럼, 숙맥불변의 유래를 살펴볼까?

춘추시대 진나라의 왕족 중에서 14세가 된 주자가 있었어. 마침 제후 자리가 비게 되어 주자를 제후에 추천하려고 하자, 이에 반대하는 무리들이 이렇게 말했다고 해.

"주자에게 형이 있으나 지혜가 없어 숙맥도 분간하지 못하기에 제후로 세울 수 없소."

이 이야기의 '숙맥도 분간하지 못하기'에서 '숙맥불변'이란 말이 전해졌어. 이것이 지금은 아예 '불변'을 떼버리고 어리바리하고 분별력 없는 사람, 세상 물정을 잘 모르는 사람을 '숙맥'이라고 한단다. 원래 표현은 숙맥불변인 거야.

인물 속으로

목불식정과 숙맥불변을 통해서 어리석고 무식한 인물을 알게 되었으니까, 그와 반대되는 인물을 소개할까 해.

17세기 이후를 '이성의 시대'라고 해. 그 이전까지만 하더라도 동서양을 막론하고 보통사람들은 '모르는 게 약이다' 혹은 '숙맥이 상팔자'라고 생각했고, 아는 게 병이라고 생각했지. 한자성어에도 '식자우환(識字憂患, 글을 알아 근심이 많다)'이라는 표현이 있어. 이런 어리석음을 깨어 '앎'의 세계를 열어야 한다고 생각하는 사람이 있었단다. 그는 이렇게 말했어.

"아는 것이 힘이다!"

바로 영국의 철학자이며, 정치가인 프랜시스 베이컨(1561~1626)이야. 그는 경험적이며 실용적인 지식의 습득이야말로 인간을 자유롭게 한다고 믿었어.

재석 : 서당 개 삼 년이면 풍월을 읊는다고 했는데 너는 영어 학원을 몇 년이나 다녔는데 어떻게 이것도 모르냐!

명수 : 뭐! 그럴 수도 있지.

형돈 : 무슨 일인데?

재석 : 세상에 'danger'를 단거라고 읽는다. 그리고 그걸 먹으려고 했어.

형돈 : '목불식정'도 정도가 있지. 영어를 몰라도 여기 해골 표시 안 보이냐? 공부 좀 해라.

명수 : 야! 야! 야! '아는 게 병이다'라는 말도 모르냐!

재석 : 너는 몰라서 죽을 뻔 했잖아!

명수 : 알았어. 다시 바꿀게. '아는 게 힘이다!' 얘들아, 공부하러 가자.

비슷한 말

일자무식(一字無識) : 글자를 한 자도 모를 정도로 무식함.
목불지서(目不之書) : 눈으로 책을 알지 못함.

반대말

문일지십(聞一知十) : 하나를 들어 열을 깨닫는다. 총명한 사람을 이름.

방약무인 傍若無人
곁 방　같을 약　없을 무　사람 인

:'' 무례하고 교만한 태도

곁에 사람이 없는 것처럼 여긴다는 뜻으로, 주위의 다른 사람을 전혀 의식하지
않은 채 제멋대로 마구 행동함을 이르는 말. 무례하고 교만한 행동을 비유함.

이야기 속으로

　　노래를 잘 부르고 춤을 잘 추다가도 옆에 누가 있으면 아무래도 쑥스
럽고 눈치를 보게 되지. 그런데 수많은 사람이 있는데도 마치 옆에 아무
도 없는 것처럼 거리낌 없이 자기 일을 마친다면, 사람들은 그 대범함과
당당함에 놀랄 거야. '방약무인'은 사람이 있는데도 '옆에 사람이 없는 듯
이 여긴다'는 말이야. 처음에 이 말은 '아무 거리낌 없는 당당한 태도'를
뜻했어. 그런데 지금은 남의 눈을 의식하지 않고, 자기 멋대로 하는 무
례한 행동이나 교만함을 뜻하는 말로 변했단다. 그 이유는 형가와 고점
리의 일화 때문이야.

　　형가는 '절치부심'편에서 진왕을 암살하려다가 실패한 자객이야. 그는
원래 위나라 사람이었어. 그런데 위나라의 왕이 그의 실력을 몰라주고
써주지 않자, 자기 고국을 떠나 이 나라 저 나라를 떠돌다 연나라까지
오게 되었단다. 그는 자객인데도 시도 잘 짓고, 특히 노래를 잘 불렀다
고 해. 하지만, 타국에 있는 혼자 몸이니 무슨 흥으로 노래를 불렀겠어.
그러다가 고점리를 만나게 되었단다. 고점리는 거문고와 비슷한 악기인

축을 기막히게 연주했단다. 형가와 고점리는 마치 오랜만에 만난 옛 친구처럼 마음이 잘 통했어. 둘은 술 마시고 노는 데 죽이 잘 맞았단다. 그래서 매일 만나 술을 마셨지. 그러다 취기가 오르면, 형가는 큰 소리로 노래를 불렀어. 거기에 고점리가 화답하듯 축을 연주하고 그러다가 더 취하면 둘이 붙들고 엉엉 우는 것이 아니겠어! 곁에 사람이 없는 것처럼 [방약무인] 말이야.

155

"마치 주위에 사람이 없는 것처럼 행동하는 저 자들은 대체 누구야?"

사람들은 혀를 끌끌 차면서 뒤에서 수군거렸어. 하지만 자객 형가에게 대놓고 쓴 소리를 하지는 못했지. 게다가 그들은 술이 취해 천방지축으로 날뛰며, 그 무례함을 부끄럽게 여기지도 않았어. 더구나 그 거들먹거리는 태도라니! 상황이 이러니 방약무인의 의미가 당당한 태도에서 무례하고, 교만한 태도로 변한 거지.

방약무인이 '사람을 사람으로 생각하지 않고, 주위의 다른 사람을 전혀 의식하지 않은 채 제멋대로 마구 행동함'을 뜻하는 말로 굳어진 또 다른 예가 있어.

왕맹이라는 사람이 있었어. 그의 이름인 맹(猛)자는 '사납다, 날래다'는 뜻이야. 호랑이 같은 동물을 맹수라고 하잖아. 그의 성품이 마치 이름 같았어. 왕맹은 뜻이 어찌나 크고 높던지 그의 태도는 당당함을 넘어서서 거만했지. 보통은 무서운 사람 앞에 가면 기가 죽기 마련인데 이 자는 그렇지가 않았어. 한 번은 동진나라의 맹장 항온을 보러 갔을 때였어. 모두들 항온이라는 이름만 들어도 벌벌 떨었는데 이 왕맹은 그 앞에서도 태연하게 이를 잡으면서 옆에 사람이 없는 듯이 행동했지. 대수롭지 않게 나랏일도 말하면서 말이야. 항온은 물론이거니와 곁에 있던 사람들이 그의 방약무인한 태도에 혀를 내둘렀다고 한다.

예찬 : 누나, 우리 스피드 게임 할래?

예강 : 낱말 설명하면 맞추는 게임 말이지? 그래, 내가 먼저 설명할 테니 맞춰봐.

예찬 : 좋아, 설명 잘해야 돼.

예강 : 전철에 사람이 많은 데도 다리를 벌리고 앉아서 큰 소리로 휴대폰 통화를 하고 있어. 이 아저씨의 태도는?

예찬 : 방약무인!

예강 : 딩동댕! 그럼, 이번엔 네 차례야.

예찬 : 음~~ 방약무인하고 좀 비슷한데, 다른 말이야. 자기 집이 부자고 공부 잘한다고 선생님 말씀도 안 듣고 친구를 막 무시하는 태도.

예강 : 안하무인!

엄마 : 딩동댕! 와, 너희들 실력이 괄목상대인데. 예강이와 예찬이가 맞나?

비슷한 말

안하무인(眼下無人) : 눈 아래에 사람이 없다는 뜻으로 교만하게 행동함을 이르는 말. 방약무인은 예의 없는 교만한 태도를 가리키며, 안하무인은 자신의 처지를 높게 여겨 교만한 행동을 하는 것을 말함.

경거망동(輕擧妄動) : 경솔하고 망령되게 행동하는 것을 이르는 말.

오만무례(傲慢無禮) : 행동이 거만하고 예의 없이 행동하는 것을 이르는 말.

양두구육 羊頭狗肉

양 양　머리 두　개 구　고기 육

: 겉 다르고 속 다른

양의 머리를 걸어 놓고 개고기를 판다는 뜻으로, 겉만 그럴듯하게 보이고 속은 변변치 못함을 이르는 말.

이야기 속으로

　　중국 제나라에서 있었던 일이야.

　　"너희들은 오늘부터 남장을 하여라. 하하하."

　　제나라의 왕 영공은 궁중의 여인들에게 남장을 시켜 놓고 감상하는 별난 취미가 있었어. 궁중의 여인들이 모두 남자 옷을 입자, 백성들 사이에서도 남장을 하는 여자들이 점차 늘어났단다. 제나라 거리엔 온통 남자만 다니는 듯했어. 이렇게 이상한 풍속이 생겨나자 당황한 것은 오히려 영공이었어. 영공은 재상인 안자에게 명령해, 곧바로 전국에 방을 붙이게 했단다.

　　"여자들이 남자 옷을 입고 남장을 하는 것은 궁중에서만 허락한 일이다. 만일 백성들이 이런 일을 하면 엄벌에 처할 것이다!"

　　그러나 이상하게도 남장 풍속은 쉽게 없어지지 않았어. 답답해진 영공은 재상인 안자를 불러 물었어.

　　"금지령을 내리고 무거운 벌을 준다고 해도 왜 남장풍속이 고쳐지지 않는 것 같소?"

그러자 안자는 다음과 같이 대답했어.

"왕께서는 궁중의 여자들에게는 남장을 하라고 하시면서 백성들에게만 하지 말라고 하십니다. 이는 마치 '밖에는 양 머리를 걸어 놓고 안에서는 개고기를 파는 것[양두구육(羊頭狗肉)]'과 같습니다. 궁중에서도 남장을 못하게 하십시오. 그러면 백성들 사이에서도 그런 풍조가 자연히 없어지게 될 것입니다."

이 말은 '어미 게가 옆으로 걸으면서 아들 게에게는 똑바로 걸어.' 그러면 아들 게가 똑바로 걸을 리가 있겠느냐는 말이지. 안자의 말을 들은 영공은 하는 수 없이 궁중에서도 남장을 금지시켰어. 그러자 얼마 후, 백성들 사이에서도 남장 풍습이 사라졌다고 해.

또 다른 예가 있어. 역시 중국의 춘추시대 제나라에 부하를 수 천명 거느린 유명한 도둑, 도척이란 자가 있었단다. 그는 자신의 도적질에 대해서 이렇게 큰소리쳤단다.

왕의 취미가 이상해…

흐흐흐…

"어흠, 우리 강도에게도 군자와 같은 예가 있도다. 강도를 하러 들어갈 때 먼저 들어갈 수 있는 것은 용(勇)이요, 맨 나중에 나올 수 있는 것은 의(義)다."

사람들은 이 말에 대해, "도척이 공자말씀을 인용하는 것은 양의 머리를 걸어놓고 말린 말고기를 파는 것과 같다."며 '양두구육'을 통해서 그를 비꼬았지.

이 두 이야기에서 유래된 '양두구육'은 양의 머리를 걸어 놓고 개고기를 판다는 뜻이야. 이 말은 거짓 간판을 내거는 경우나 좋은 물건을 내걸고 나쁜 물건을 파는 경우, 겉은 훌륭하나 내세우는 속이 변변치 않다는 말로도 쓰이고, 또 겉은 훌륭해 보이지만 비열한 행동을 일삼는 사람을 비꼬는 말로도 사용된단다.

인물 속으로

제우스는 두 개의 꾸러미 앞에서 고민 중이야. '어느 것을 고르지. 음…….' 이윽고, 결심한 듯이 제우스는 손을 뻗어 윤기가 자르르 흐르는 비계 쪽을 골랐어. 나머지 다른 꾸러미는 피가 얼룩얼룩 묻고 뻣뻣한 쇠가죽으로 싸인 꾸러미였어. 제우스가 먼저 비계꾸러미를 고르자 다른 꾸러미는 인간의 몫이 되었지.

비계꾸러미를 펼치자 그 안에는 뼈다귀와 내장이 들어 있었어. 인간에게 돌아간 쇠가죽꾸러미에는 살코기가 들어 있었지. 그 후부터 늘 내장과 기름 덩어리는 신에게 제물로 바치게 되어 신들의 음식이 되었고, 인간은 그 나머지인 살코기를 먹게 되었단다. 겉은 뻔지르르한 비계로 감싸게 하고 속에는 맛이 없는 뼈와 내장을 넣도록 꾀를 쓴 건 바로 프로메테우스였단다.

예강 : 엄마 왜 이렇게 화가 나셨어요?

엄마 : 세상에! 이 고기를 봐라. 위에는 좋은 고기이더니 밑에는 순 비곗덩어리네. 이렇게 양두구육으로 속이면 오래 장사하기 힘든데. 나 참.

예찬 : 다녀왔습니다.

예강 : 와! 그 으리으리한 상자는 뭐야?

예찬 : 헤헤헤, 장난감이야. 용돈 모아 산거다.

엄마 : 그래? 예찬이가 용돈 모을 줄도 알고 다 컸네. 엄마도 보여 줘 봐.

예찬, 예강 : (장난감 상자를 연다) 헐, 이럴 수가!

엄마 : 이런! 여기도 양두구육이구나. 포장 그림은 저렇게 멋있는데, 내용물은 이렇게 부실하다니!

비슷한 말

양질호피(羊質虎皮) : 속은 양이고 거죽은 호랑이라는 뜻으로, 본바탕은 좋지 못하면서 겉모양만 꾸미는 것을 비유적으로 이르는 말.

현옥고석(衒玉賈石) : 옥을 진열해 놓고 돌을 판다는 말.

미생지신 尾生之信
꼬리 미 날 생 ~의 지 믿을 신

∴ 융통성 없고 고지식함

미생의 신의를 뜻하는 말로, ❶신의가 굳음. ❷우직하여 융통성이 없음을 이르는 말.

이야기 속으로

'미생지신'은 미생의 신의를 뜻하는 말로, 미생은 《논어》에도 등장하는 인물이야. 그는 '신의'를 중요시 여겼다고 해. 미생이 신의를 얼마나 중시했는지를 알 수 있는 이야기가 하나 있어.

어느 날, 이웃 사람이 미생을 찾아왔어.

"미생 집에 있는가? 다름이 아니고, 간장이 있나? 지금 우리 집에 간장이 떨어졌다네."

"예, 잠시만 기다리세요."

잠시만 기다려 달라던 미생이 한참만에야 간장 종지를 들고 나타났어.

"오래 기다리셨지요? 여기 있습니다."

미생은 자신의 집에도 간장이 떨어진 것을 알고는 뒷문으로 나가 다른 집에 가서 간장을 빌려왔던 거야. 이런 미생이 사랑하는 여자와의 약속을 지키기 위해 자신의 목숨을 버리게 된 고사가 '미생지신'이란다.

이처럼 신의(信義, 믿음과 의리)를 중요하게 여기던 미생에게 사랑하는 여인이 생겼어. 이 여인과 드디어 만날 약속을 하게 되었지. 약속 장소는 개울가 다리 교각 아래로 정했어. 약속시간보다 일찍 나간 미생은 설레는 마음을 진정시키며 여인을 기다렸지. 그런데 이때, 갑자기 많은 비가 내려 개울물이 삽시간에 불어난 거야! 여인은 너무 많은 비가 내리니 당연히 약속 장소에 나오지 않았지. 하지만 미생은 여인과의 약속을 지키기 위해 계속해서 불어나는 개울물을 바라보면서 다른 곳으로 피하지도 않고, 다리 교각을 꼭 붙든 채 물에 빠져 죽고 말았단다. 물이 빠진 뒤에야 교각을 붙든 채로 죽어있는 모습이 발견되었대.

이 '미생지신'의 이야기는 《사기》, 《장자》 등 여러 책에서 소개하고 있단다. 그런데 이 '미생의 신의'에 대한 평가가 달라서, 전혀 다른 두 가지의 속뜻이 있단다. 하나는 '신의가 굳음'이고, 또 하나는 '(미련할 정도로) 융통성이

저런 미련한 녀석!

없는 고지식함'이란다.

신의가 굳다며 긍정적으로 평가한 이는 소진인데 그는 미생을 신의를 위해서 목숨도 버릴 수 있는 사람이라며 '신의 있는 사람의 본보기'라고 찬양에 가까운 칭찬을 했단다.

그에 비해 장자는 유명한 도둑, 도척의 입을 통해 미생을 꾸짖었어.

"뭐 이런 멍청한 인간이 다 있습니까! 이 자는 미련한 개돼지나 쪽박을 들고 빌어먹는 거지와 같습니다. 쓸데없는 명분에 얽매여 소중한 목숨을 소홀히 하는 인간은 진정한 삶의 길을 모르는 놈이올시다."하며 강하게 비판했지. 그래서 그런지 '미생지신'하면 신의가 굳다는 뜻보다는 두 번째 뜻인 '융통성 없는 고지식한 행동'의 비유로 많이 사용된단다.

인물 속으로

미생지신의 미생이 사랑하는 여인과의 약속을 지키기 위해 물에 빠져 죽었다면, 개자추는 자신의 의지를 지키기 위해 죽은 사람이야.

옛날 중국 진(晉)나라에 문공이라는 왕이 있었어. 문공이 왕에 오르기까지 개자추는 지극 정성으로 보살피며 충성을 다했지. 한번은 양식이 떨어져 모두가 허기에 지쳐 있을 때 개자추가 자신의 허벅지를 베어 고깃국을 끓여 문공을 대접하기도 했단다.

문공이 왕위에 오르자 너도나도 자기가 공신이라며 싸우는 통에 문공은 개자추를 잊고 말았어. 이에 개자추는 크게 실망한 나머지 자취를 감춰버렸어. 후에 문공이 개자추를 기억해내고 그를 불러내려 했으나 개자추는 꿈쩍도 하지 않았어. '불이 나면 나오겠지' 하며 개자추가 숨어 사는 산에 불을 질렀지. 하지만 그는 끝내 나오지 않고, 나무 한 그루를 끌어안고 불에 타 죽고 말았단다.

문공은 크게 슬퍼하며 그의 충정을 기리고자 그가 죽은 날에는 뜨거운 음식을 먹지 말도록 했어. 이 날이 바로 '한식'이란다.

엄마 : 예강아, 너 혼자 오니? 예찬이는?

예강 : 아차! 예찬이랑 끝나고 같이 만나서 문방구 가기로 했지.

엄마 : 지금이 몇 신데? 오늘은 수요일이어서 5교시 수업하잖아.
지금이 벌써 4시인데, 너는 지금까지 어디 있었던 거니?

예강 : 예찬이하고 약속 깜빡 잊고, 은지네 놀러 갔었어요. 정말
죄송해요.

엄마 : 에고, 비까지 오네. 엄마랑 같이 예찬이 찾으러 가자.

　(엄마와 예강이 우산을 가지고 약속 장소인 학교 앞 육교로
　간다)

예강 : 예찬아! 너 아직까지 여기 있었어?

예찬 : 우와앙~~~~.

엄마 : 세상에, 지금까지 계속 기다린 거니? 미생지신이 따로 없구
나! 쯧쯧!

예강 : 미안해. 예찬아. 다신 안 그럴게 엉엉~~.

비슷한 말

포주지신(抱柱之信) : 기둥을 끌어안고 신의를 지켰다는 말로 미생지신과 같은
말.

교주고슬(膠柱鼓瑟) : 비파나 거문고의 기둥을 아교풀로 붙여놓고 연주한다는
뜻으로, 규칙에 얽매여 융통성을 발휘하지 못하는 고지식
한 사람을 비유하는 말. 미생지신의 두 번째 의미와 같게
쓰임.

기우

생활에서 자주 사용하는 고사성어

백안시
도외시

흥!

조삼모사

함흥차사 咸興差使
다 함 · 흥할 흥 · 보낼 차 · 사신 사

: "한 번 갔다 하면 끝이니

함흥 지방으로 간 차사라는 말로, 심부름 간 사람이 소식이 없거나 회답이 늦을 때를 비유하여 이르는 말.

이야기 속으로

조선 건국 초기 3대 임금인 태종 때의 이야기야. 태종은 자신의 아버지 태조 이성계가 있는 함흥지방으로 안부를 묻고, 한양으로 다시 돌아오시라는 말을 전하기 위해서 차사를 보냈어. 그런데 이 차사가 함흥으로 가기만 하면 연락이 끊기고, 돌아오지 않는 거야. 그러면 또 차사를 보내고, 또 돌아오지 않고. 그래서 '함흥차사'라 함은 심부름을 갔다가 연락도 없이 돌아오지 않는 사람을 뜻하게 되었어.

그런데 차사가 왜 함흥으로 가서는 돌아오지 않았을까? 그 속사정을 알아보자.

태조 이성계가 조선을 세울 때 가장 공을 많이 세운 아들은 다섯째 아들인 방원이었어. 조선을 건국하고 태조의 다음 후계자는 당연히 공을 많이 세운 방원에게 돌아가겠거니 했는데, 웬걸! 두 번째 부인 강씨의 아들인 방석이 세자로 책봉되었어.

이에 화가 난 방원이 자신의 형제들을 부추겨서 강씨 소생의 두 형제들을 죽이는 난을 일으킨 거야. 태조 이성계는 가뜩이나 두 번째 부인이었던 신덕왕후 강씨가 죽은 후로 상심하여 정사에 관심을 두지 않았는데 일이 이렇게 되니 둘째 아들에게 왕의 자리를 물려주고, 고향 함흥으로 내려가고 말았어.

태조가 함흥으로 내려가고 얼마 되지 않아, 다섯째 아들이었던 방원이 2대 정종에게 왕위를 이어받아 새로운 왕이 되었단다. 그가 바로 태종이지.

왕이 된 태종은 태조를 서울로 모셔오고 싶어 했어. 태조가 계속 함흥에 있으면, '글쎄, 아들이 왕이 되고 싶어서 형제를 죽이고 아버지를 쫓아냈지 뭐야!' 하는 소리를 들을까봐 염려가 되었지. 그리고 아버지의 소식이 궁금하면서 걱정도 되고 말이야. 태종은 사실 효자였다고 해.

그래서 태종은 함흥으로 차사를 보내게 된 거야. 그런데, 태조 이성계는 형제를 죽이고 왕이 된 태종에게 분이 풀리지 않아 보내오는

쭈~욱

덜덜덜

오지 말라 했거늘.

차사마다 활로 쏘아 죽이거나, 옥에 가두었지. 이렇게 함흥으로 떠난 차사마다 돌아오지 않자, 누구도 함흥차사가 되길 두려워 했지. 그때, 표정이 어두워진 태종의 얼굴을 보고 성석린이 자원을 했단다. 성석린은 태조가 아꼈던 신하였지. 하지만 성석린도 결국 돌아오지 못했어.

이렇게 함흥으로 떠난 차사들마다 소식이 없자 이때부터 '함흥차사'라 하면 심부름 가서 소식이 오지 않을 때를 일컬었지. 또 심부름 가서는 소식이 없는 사람도 함흥차사라 했단다.

그나저나, 뒷이야기가 궁금하다고?

마지막 차사는 무학 대사였어. 불심이 깊은 태조가 어찌 스님을 활로 쏘았겠어? 결국 태조는 무학 대사의 간곡한 설득으로 마지못해 서울에 올라왔다고 해.

인물 속으로

함안차사는 함흥차사와 마찬가지로 '심부름 간 사람이 소식이 없음'을 나타내는 말이야. 함흥차사에서는 태조 이성계가 차사들을 활을 쏘아 죽였기 때문에 돌아오지 못했는데 '함안차사'는 누구 때문에 돌아오지 못했을까?

고려 말기 함안 지방에 한 사람이 큰 죄를 지어 조정에서는 그의 죄를 묻고 벌주기 위해 안핵사를 보냈어. 그런데 파견되는 안핵사마다 노아라는 기생에 빠져 술만 마시며 놀다가 파직당하는 거야. 사실 노아는 그 죄인의 딸이었어. 그 딸이 기생이 되어 안핵사를 유혹해서 일을 못하게 하는 거였지. 그리하여 조정에서는 최후의 수단으로 성품이 강직, 청렴하고 과단성이 있는 젊은 관원을 새 안핵사로 보냈는데, 갑자기 신임 안핵사도 병을 핑계 대고 안핵사를 그만두었어. 그 역시 노아의 유혹에 빠졌거든. 게다가 노아를 사랑했기 때문이었지. 함흥차사와 같이 한 번 가면 다시 돌아오지 않는다 하여 함안차사란 말이 생겨났다고 해.

170

엄마 : 아니, 얘가 심부름 간지가 언젠데 아직 소식이 없어.

예강 : 학교 다녀왔습니다.

엄마 : 예강이구나, 집으로 오면서 예찬이 못 봤니?

예강 : 왜요?

엄마 : 심부름 보냈는데 함흥차사다.

예강 : 네에? 그래요? 효준이랑 놀고 있던데요.

엄마 : 그래도 놀고 있다니 다행이다. 무슨 일 생겼나 걱정했는데.

예찬 : 심부름 다녀왔습니다!

예강 : 호랑이도 제 말하면 온다더니! 저기 납시네요. 크크.

엄마 : 강원도 포수가 호랑이가 되어 나타났구나. 나 참~.

비슷한 말

종무소식(終無消息) : 끝내 아무 소식이 없음을 이르는 말(＝감감소식).

함안차사(咸安差使) : 뜻은 함흥차사와 같음.

강원도 포수 : 우리 속담으로 '일이 있어 밖에 나갔다가 오래도록 돌아오지 않음'을 이르는 말. 강원도 산은 깊고 험해서 사냥 간 포수가 돌아오기가 어려웠다는 데서 유래.

백안시 | 도외시
白眼視 | 度外視
희다 백   눈 안   보다 시 | 법도 도   바깥 외   볼 시

:•˚ 백안시하지 말아야

백안시는 흰 눈으로 흘겨본다는 말로, 남을 업신여기거나 냉대하여 흘겨보는 것을 뜻함. 도외시는 상관하지 아니하거나 무시함을 이르는 말.

이야기 속으로

백안시는 흰 눈자위로 남을 쳐다본다는 말이야. 누구를 '백안시 한다'는 것은 남을 업신여기거나 냉대하여 흘겨보는 것을 말해. 누구를 흘겨본다면 눈의 흰자위가 많이 드러나겠지? 여기에는 얽힌 사연이 있어. 한 번 들어볼래?

아주 먼 옛날 중국 땅 진(晉)나라에는 대나무 숲에 사는 일곱 명의 현인이란 뜻의 '죽림칠현'이 살고 있었어. 그 현인 중 한 명이 완적이었는데, 그는 세상의 상식적인 예의를 도외시하는 사람이었지.

완적은 세상의 예의범절에 얽매인 사람이 찾아오거나 하면, 흰 눈으로 스윽 흘겨보고는[백안시(白眼視)] 아는 척도 않고 무시했다고 해. 이를 가리켜 사람들이 '백안시'했다고 표현했단다.

하루는 죽림칠현의 한 사람인 혜강의 형 혜희가 완적이 좋아하는 술과 거문고를 가지고 찾아 왔어. 하지만 완적이 백안시하고 상대해 주지 않자 혜희는 화가 나고 무안해서 돌아가 버렸어. 그 당시의 지식인들은 이

런 완적을 몹시 미워했다고 해.

비록 완적이 훌륭한 죽림칠현의 한 사람이고, 그를 찾아온 많은 지식인들이 나쁜 사람이었다고 하더라도 완적의 자세는 옳지 않은 것이지.

이처럼 남을 자신의 기준으로 보아 옳지 않다고 여겨 홀대하는 태도를 백안시(白眼視)라고 한단다. 그에 비해, 도외시(度外視)는 어떤 대상이나 문제에 관심을 갖지 않는 태도를 뜻하는 말이야. '도외(度外)'는 '어떤 한도나 범위의 밖'이란 말로 도외시는 어떤 것을 없는 것처럼 무시하는 것을 말해. 완적이 세상의 예의범절을 무시한 것처럼 말이야. 이 도외시란 말에도 고사가 있어. 고사를 들어보면 이해가 쉬울 거야.

중국의 후한을 세운 광무제(한나라를 세운 유방의 후손)때의 일이야.

광무제는 즉위 후 지방의 세력들을 하나씩 모두 토벌하고, 중앙에서 멀리 떨어진 농서와 촉만 아직 복속시키지 못하고 있었어. 그러자 중신들이 계속 이 두 곳을 토벌하자고 하였어.

그러나 광무제는 이렇게 말하며 듣지 않았어.

"이미 중원은 평정되었으니 이제 그들은 문제시 할 것 없소[도외시(度外視)]."

물론 광무제도 그들이 신경 쓰이지 않는 것은 아니었으나, 후한을 세우느라 오랫동안 전쟁을 해서 휘하의 병사들도 지칠 대로 지쳐 있었어.

그래서 그는 마음 한구석이 찜찜하기는 했지만 그만 전쟁을 중지하고 싶었기에, 그 문제를 도외시한 거지. 다행히 얼마 지나지 않아 농서는 스스로 복속해 왔고, 그 여세를 몰아 촉도 이내 평정되었어.

이처럼 도외시는 문젯거리를 문제 삼지 않고 무시하는 것인데, 자신이 주도적으로 선택하여 관심을 두지 않는 것을 말한다.

인물 속으로

조선 세조 때, 예조판서 이승소는 청빈하여 초가집에 살았어. 이웃집에는 병조판서가 살고 있었는데 이 둘은 절친한 사이였단다. 이들이 각별하다는 것은 임금님까지 알고 있었지.

어느 날, 아침 회의에 조금 늦게 온 병조판서가 이승소 옆에 앉으며 인사를 했어. "그간 잘 있었나?"

그런데 이승소는 마치 인사를 못들은 양 대답도 않고, 병조판서를 본척만척하는 거야. 병조판서를 백안시하는 태도를 궁금히 여긴 세조가 이승소에게 물었어.

"예조판서는 병조판서를 잘 모르나?"

"잘 모르는 게 아니라, 전혀 모르옵니다."

사연인 즉, 병조판서가 얼마 전에 으리으리한 호화주택을 지은 소식을 듣고, 청렴해야 할 관리가 사치를 부리는 것에 실망하여 병조판서를 백안시했던 것이었어.

예찬 : 누나, 이 문제 답이 뭐야?

예강 : 삼각형의 넓이를 구하는 문제네. 삼각형의 넓이는 말이야 …….

예찬 : 됐어. 그냥, 답만 가르쳐 줘.

예강 : 야, 수학에서는 기본 공식을 도외시하면 안 돼.

예찬 : 치, 알겠어. 근데 오늘 짝이 새로 바뀌었어. 우리 반 꼴찌 삼식이야. 그 녀석 씻지도 않는지 손톱도 까맣더라. 자꾸 말시키는데 대답도 안했어.

예강 : 그렇다고, 친구를 그렇게 백안시하면 되냐? 손톱은 너도 까맣잖아? 친구를 사귈 때 외모 같은 것으로 문제 삼으면 안 돼. 너도 누가 그러면 좋냐? 그게 바로 왕따로 가는 길이야.

예찬 : 에이, 누나야말로 별거 아닌 걸 문제시하네. 알았어. 내일부터 삼식이를 청안시할게.

반대말

청안시(靑眼視) : 푸른 눈으로 바라본다는 뜻으로, 남을 따뜻하고 친밀한 마음으로 바라보는 태도를 이르는 말. 백안시의 반대말.

문제시(問題視) : 문젯거리로 삼는다는 뜻으로 도외시의 반대말.

기우 杞憂
나라이름 기 근심 우

:‘걱정도 지나치면

기나라 사람의 걱정이란 뜻으로, 쓸데없는 공연한 걱정을 말함.

이야기 속으로

　기나라 사람이 어떤 걱정을 했기에, 그 걱정이 쓸데없는 거라고 했을지 궁금하지?

　중국 기(杞)나라에 어떤 사람이 살고 있었어. 그런데 어느 날 갑자기 병이 들었다는구나. 걱정이 하도 심해서 잠도 못자고 음식도 제대로 먹지 못한다는 거야. 그 소식을 들은 이웃에 사는 현명한 사람이 문병을 왔어. 두 사람의 대화를 들어보자.

　이웃 사람 : 얼굴이 수척해지셨습니다. 도대체 무엇을 걱정하기에 이렇게 병이 나셨습니까?

　기나라 사람 : 만약 하늘이 무너진다면 어찌 될까, 생각이 거기에 미치니 너무 괴롭소.

　이웃 사람 : 아니 걱정이 그거였소? 하늘은 공기가 꽉차있는 공간이에요. 공기가 어찌 무너질 수 있겠습니까?

　기나라 사람 : 공기가 차 있는 곳이라고 치세. 그럼 그 공기에 떠 있는 해와 달과 별이 떨어지면 어떡하오? 그것이 떨어지면 이 세상은 또 큰일

이 나지 않겠나?

이웃 사람 : 해나 달, 별도 공기에 싸여 있어서 설사 그것들이 떨어져도 우리가 다치지는 않을 것입니다. 걱정 마세요.

기나라 사람 : 하늘이 괜찮다면, 땅이 꺼지면 어떡하오?

이웃 사람 : 땅은 흙이 쌓인 것이지요. 흙이 사방에 가득차서 우리가 아무리 뛰고 밟아도 땅은 꼼짝도 하지 않는 걸 모르시오? 그러니 그런 쓸데없는 걱정은 하지 마시오.

이웃 사람의 말을 들은 걱정 많은 기나라 사람은 그제야 마음을 놓았단다. 기나라 사람의 걱정[기우(杞憂)]은 '하늘이 무너지고 땅이 꺼지는 것'이었어. 그래서 기우라는 말은 '쓸데없는 걱정'을 가리키는 말이 되었단다.

조삼모사 | 朝三暮四
아침조　석삼　저녁모　넉사

:·어차피 결과는 같아

아침에 세 개, 저녁에 네 개라는 뜻으로, ❶눈앞에 보이는 차이만 알고 결과가
같은 것은 모르는 것을 비유하여 이르는 말. ❷간사한 꾀로 남을 속이고 농락
하는 것을 비유하여 이르는 말.

이야기 속으로

중국 전국시대 송(宋)나라에 저공이라는 사람이 살았어. 이 사람은 원
숭이라면 사족을 못 쓸 만큼 좋아하여 집에다 수십 마리를 기르고 있었
지. 그처럼 가까이 아끼고 사랑하다보니 저공은 원숭이들의 눈빛만 봐
도 마음을 헤아릴 수 있을 정도가 되었단다. 원숭이도 저공의 말을 알아
들었지.

그런데 많은 원숭이를 기르다 보니 먹이가 큰 걱정거리가 아닐 수 없
었어. 가족이 먹는 식량을 조금씩 절약해서 원숭이 먹이를 충당했지만,
그것도 한계에 이르렀어. 식량은 동이 났고, 이제 먹을 것이라곤 도토리
밖에 없게 되었지. 그 도토리마저 충분하지 않았단다. '하는 수 없지. 녀
석들의 먹이를 줄이는 수밖에.' 마침내 저공은 이렇게 결정하고, 어떤 방
법을 쓸 것인가를 생각했어. 덮어놓고 먹이를 줄인다고 하면 원숭이들
이 펄쩍 뛸 것이 분명했거든.

'그러니까 줄이면서도 줄이지 않는 것처럼 생각하도록 만들어야 해.'
이런 궁리를 한 저공은 원숭이들을 모두 불러 놓고 말했어.

178

"이제부터 너희들한테 '아침에는 도토리 세 개, 저녁에는 네 개'[조삼모사(朝三暮四)]를 주려고 한다. 괜찮지?"

저공의 제안에 원숭이들은 저녁보다 아침에 하나 적으면 배가 고프다며 아우성을 쳤어. 그러자 저공이 다시 제안을 했어.

"음, 그렇다면 아침에 도토리 네 개를 주지. 저녁은 세 개하고 말이다. 이젠 됐냐?"

그러자 원숭이들이 이번에는 모두 좋다며 기뻐했다고 해.

그래서 조삼모사는 '어차피 결과는 마찬가지'라는 뜻도 있지만 '간사한 꾀로 남을 속이고 놀리는 것'을 뜻하기도 한단다.

모순 矛盾
창 모　방패 순

:"동시에 존재할 수는 없어

앞뒤 말이 서로 어긋나서 맞지 않는 경우를 이르는 말.

이야기 속으로

　　'모순(矛盾)'을 우리말로 풀면 '창과 방패'란다. 그런데 모순이라는 말은 단지 창과 방패라는 물건을 가리키는 것은 아니야. 이 말은 '앞뒤 말이 서로 어긋나서 맞지 않는다.'는 뜻의 단어란다. 이 '창과 방패'가 어떤 사연으로 이런 의미를 갖게 되었는지 모순에 얽힌 이야기를 들어볼까?

　　중국 초나라에 방패와 창을 파는 사람이 있었어. 그는 방패를 들고 큰 소리로 외쳤어.

　　"이 방패는 견고하여 어떤 창도 뚫을 수 없답니다."라고 자랑했지. 방패는 날개 돋친 듯이 팔렸단다.

　　다음 날 같은 장소에서 이번에는 창을 들고 외쳤어.

　　"이 창은 예리하여 어떤 방패도 뚫을 수 있습니다."

　　그때 어제 방패를 산 사람이 이 말을 듣고 그에게 말했어.

　　"이 방패는 어제 당신이 어떤 창도 뚫을 수 없다고 한 그 방패요. 그럼 그 창으로 이 방패를 뚫어보면 어떻겠소?"

  손님의 말에 장사꾼은 그만 말문이 막히고 말았어. 창이 방패를 뚫게
되면 어제 한 말이 거짓이 되고, 만약 창이 뚫지 못한다면 지금 한 말이
거짓이 되니 보통 곤란한 상황이 아닌 거지.

  이 이야기에서처럼 무엇에도 뚫리지 않는 방패와 무엇이든 뚫을 수 있
는 창이 동시에 같이 존재할 수 없어. 세상에는 이것도 맞고, 저것도 맞
는 경우도 있지만 '창과 방패'의 경우는 이것이 맞으면, 저것은 반드시 틀
려야 하는데 이것을 같이 주장하면 서로 '모순'이라고 한다. 이처럼 '모
순'이란 말은 '양립할 수 없음'을 뜻하는 말로 굳어졌단다.

견마지로 | 犬馬之勞
개 견 말 마 ~의 지 수고 로

:˙ 자신을 겸손하게

개나 말 정도의 하찮은 힘이라는 뜻으로, 자신의 노력을 겸손하게 낮추어 이르는 말.

이야기 속으로

견마지로는 '개나 말의 수고'라는 뜻이야. 이 말은 말하는 사람이 자신을 하찮은 개와 말에 비유하면서 자신의 노력을 낮추는 표현이란다. 옛 사람들은 이 말을 임금이나 나라를 위해 충성을 다하겠다는 다짐으로 많이 사용했어.

이야기에 등장하는 개와 말의 수고가 정말 하찮은가 한번 살펴보자.

옛날에 한 사람이 길을 가다가 병에 걸려 죽어가는 강아지를 보았어. 그 사람은 강아지가 가여워 치료해 주고, 집에 데려와 먹이도 주며 잘 키웠지. 강아지는 어느덧 커다란 개가 되었어.

그러던 어느 날 그 집에 도둑이 들어 모든 재산을 훔쳐 도망가려는 순간 개가 죽을힘을 다해 싸워서 재산을 지켰어. 주인은 개가 너무도 고마워 이렇게 치하했단다.

"개야, 모든 재산을 잃을 뻔 했는데, 무사하구나. 다 네 덕분이다. 고맙고 장하다. 네 수고가 크니 큰 상을 주고 싶구나. 무엇을 원하느냐?"

그러자 개가 이렇게 대답했다는구나.

"주인님은 제가 어려서 죽어가고 있을 때 저를 살려 주시고 이렇게 키워 주셨습니다. 제가 도둑을 막아 공을 세운 것은 상을 받아야 할 일이 아니라 당연히 해야 할 일을 한 것이지요. 멍! 멍!"

말도 같은 경우였어. 길에서 죽어가고 있던 망아지를 데려와 훌륭한 말로 키웠지. 말은 주인이 농사를 지을 때 열심히 땀 흘려 도와 가을에는 많은 수확을 할 수가 있었단다. 말 역시 개와 같은 말을 했어. 자신이 할 일을 했을 뿐이라고.

이 '견마지로'에서 '견마'와 '주인'은 신하와 임금 사이를 비유한 것이야. 그래서 임금이 큰 공을 세운 신하에게 칭찬을 하면 신하는 겸손하게 '견마지로'일 뿐이라고 대답했단다.

183